シニア社員の
活かし方・
処遇の仕方

高年齢者雇用の企業対策とその留意点

齋藤清一
田中恒行 著

中央経済社

はじめに

　産業界では，人手不足が深刻になる中で，法的な雇用義務がない65歳以上の高齢者を本格的に雇用し活用する動きが広がりつつあると新聞，TVなど，マスコミ報道が目に付くようになった。人生100年時代と言われ，健康寿命が延び，長く働きたいという高齢者が多い。

　内閣府による平成28年版高齢社会白書によると，総人口12,711万人に対し高齢者人口（65歳以上）は3,392万人，その内訳は65歳～74歳人口1,752万人，75歳以上人口1,641万人で，総人口に占める高齢者（65歳以上）の割合は26.7％となっている（平成27年10月1日時点）。

　厚生労働省は，これら高齢化の進行に伴い，雇用義務年齢の引き上げを視野に人事賃金制度の改革を促しているが，企業側では高齢者職務の再設計や人事賃金処遇制度の整備などの課題や戸惑いも多く，実際の対応はまだ遅々として進んでいない。

　高齢者側では，在職老齢年金と月々の給与でゆとりのある生活ができるので，体力が続く限り働きたいと希望する人が増えている。生産年齢人口（15～64歳）が減る一方で，65歳以上の高齢者雇用者数はここ数年年40万人ペースで増加しており，厚生労働省によるとその8割が再雇用を選択している。その実態を見ると，定年は60歳で再雇用後は嘱託社員として処遇する企業が大半である。役職もない，月収も下がる，手当もない，賞与もない，退職金もない。したがって，高齢になれば賃金は定年前に比べて大きく下がるのは当たり前として企業も労働者も対応してきたが，政府が進める働き方改革「同一労働同一賃金」の推進などによって，定年を迎えたとはいえ，労働内容は定年前と全く同じなのに高齢を理由とする賃金減額はおかしいとして，労務トラブルや訴訟にも発展するケースが目につくようになってきている。政府の同一労働同一賃金のガイドライン案は，職務内容などにより賃金差は許容されるとしているが，どの程度の賃金差であればよいのかハッキリしない。

一方，定年年齢の65歳までの引上げや定年制廃止の選択の状況を見てみると，合わせてまだ約2割に過ぎない。各企業の高齢者活用対策はおしなべて慎重であり，あまり進んでいないと言えよう。人件費の増加や組織の若返りの遅れなどを心配する企業が多いようである。

　本書はこれらの労働力の逼迫状況を受けて，高齢者の活用推進をいかに進めるかを熟慮し，実際のコンサルティングの中から得たノウハウをふんだんに掲載している。

　本書は第1章「人手不足時代の人材活用と生涯労働の推進」，第2章「賃金体系がある大・中堅企業の賃金～シニア社員の人事処遇制度のあり方とその実務～」，第3章「賃金体系のない中小企業の簡便な賃金のつくり方～シニア社員の人事・賃金処遇制度の構築とその実務～」，第4章「シニア社員の業績反映賞与，成果配分賃金，年俸の支給」，第5章「高齢者雇用をめぐる留意点～判例からその動向を探る～」で構成されている。

　第1章では，高齢者を取り巻く環境とその現状，また各企業が高齢者に期待する能力とは何か，その職業能力のいくつかのタイプと人事・賃金処遇のあり方を述べている。

　各企業は高齢社員をシニア社員と一般的に呼称しているが，これらのシニア社員は深い経験に基づく業務知識を駆使してある特定分野業務に従事するベテラン社員であり，業績を挙げ続けている業務推進の名手である。したがって，シニア社員の主な業務役割は，ベテラン業務の継続と後輩への技術，技能の継承である。人により役割の内容によって賃金差が生じることになる。

　また，現在の究極的な人手不足により，高齢者活用やM字型カーブに見る女性の潜在的労働力の発掘，活用にもスポットを当てている。

　その他，高齢者雇用の取組みをいかに進めたらよいのか，今直ぐに使える能力再評価の進め方と高齢人材の活用に伴う人事処遇のあり方や規定のつくり方などの事例を取り上げ，即実務で使えるように詳しく解説をしている。

　第2章では，賃金体系を持つ大・中堅企業における賃金の見直し，再設計を中心に，現役社員からシニア社員まで継続する賃金体系のあり方とその具体的

な賃金の算定方法ついて述べている．多くの企業ではシニア社員の賃金算定に当たり，「高年齢雇用継続給付金」と「在職老齢年金」を活用し，企業からの持ち出し給与を調整しているため，役割や仕事内容があまり変わらないのに単に年齢を理由に賃金を下げられたという反発が，シニア社員の働く意欲に影響を与えているケースが多い．

　そこで，シニア社員にも現役社員と同様に目標面接を実施する業績考課（組織貢献度評価）を導入する企業が増えている．組織から与えられた目標で職責給が決まるが，本人自らがチャレンジ目標を付け加えることによって役割目標（職責＋チャレンジ目標）はさらに大きくなり，これで賃金を決めると職責給は役割給となる．また，役割目標の達成度で賃金を決めると，役割給は可変性豊かな業績給になる．役割給か，業績給か，それとも他の選択かはその企業のニーズにより決める問題である．本書では，シニア社員の意欲の引き出しのためには役割給を適用し，そのシニア社員の基本給展開の公式は「職能給＋職責給×チャレンジ目標係数（役割給）」とし，欧米の仕事基準賃金だけではなく，あくまでも人間基準の職能給をベースに仕事基準の役割給を融合させる構成が有効であると述べている．

　その他，人間基準の職能給賃金表の見直しと再構築のために，各種の賃金表のつくり方を詳しく述べているが，シニア社員に最も望ましい賃金表として，能力の完全キャンセル方式の「複数賃率表」の適用を推薦している．

　第3章は，いまだ賃金体系のない中小企業で簡便に賃金表が作成できないか考慮した結果，ハンドでモデル賃金線を引き，その作成した賃金線からサラリースケールを計算し，賃金表へ展開する方式を易しく解説している．

　賃金は理論的に生活保障の原則，労働対価の原則の2つによって構成されている．しかし，賃金体系を持たない企業においては，年齢や勤続年数によって，これぐらいでいいのではないかというオーナーの直感の一言で決めているのが実態である．しかし，賃金は労働市場の影響を強く受けて需要と供給によって決まるので，経営側の一方的な価値判断では企業を潰すことになる．

　生活保障の賃金，労働対価の賃金という理論体系の導入が難しい中小企業が大多数である．自社の支払能力がないのに世間相場に準拠することはできない．

自社の支払能力の実態に即して対応を考えなければならない。

　賃金表の作成は働く原点であり，人材の採用と定着，経営発展のベースである。ここでは賃金規定のない中小企業を対象に，1日で賃金をマスターし，自社で賃金表をつくれるそのノウハウを分かりやすく満載している。

　第4章では，シニア社員の業績反映賞与，成果配分賃金，年俸の支給について述べている。

　シニア社員に賞与は支給すべきか否かであるが，各企業では在職老齢年金の受給との兼ね合いから，企業の支払給与額を決めている企業が多い。また，在職老齢年金の支給は賞与を含めた年収ベースで計算して年金停止額が決められていることを考えれば，賞与支給額も年収ベースで考えるのが妥当と思う。すなわち，賃金が高いか低いかは，年収を見ないと判別ができない。したがって，賞与を含めた年収を月単位に換算して月収レベルを把握するのがよい。

　また，賞与支給算定は賃金と切り離した定額方式か，ポイント制賞与がこれからのメインになることから，この2つの方式について，例示を用いて分かりやすく解説をしている。

　その他，賞与とは別に，組織として超過成果をつくり出したときには，その超過成果の一定割合を労使に配分する成果配分賃金を紹介している。成果配分賃金は，目標達成に向けての社員の一致協力体制，組織一体化のマネジメントづくりに有効な経営戦略手法の賃金であり，シニア社員を含めた全社員が対象になる。

　第5章では，高齢者雇用をめぐる留意点について述べている。

　「2017年中高齢層の賃金・処遇に関する調査」（『賃金事情』No.2754，2018年1月5・20日，19ページ）によると，定年年齢は全員一律に定めている企業が95.8％，60歳以降は90.5％を嘱託・契約社員として再雇用，契約期間は1年ごとで最長5年である。

　また，60歳前半層の賃金と処遇については，定年後再雇用者の37.5％はコース別に処遇し，働き方は「おおむね60歳前と同じ」が80.9％である。

　賃金の決め方は「一律に定年時の一定率を減額する」が32.7％，減額率は36％，定年後再雇用者の賃金カーブは42.0％が定年年齢で大きく下がる「一括

カット型」である。賞与一時金については支給が73.5％，「定額支給」の平均は36.8万円，「60歳前より定率減額」の平均減額率40.2％である。世間一般の感覚でも定年退職後は賃金が下がるのは半ば常識のように考えられてきたが，政府が進める「同一労働同一賃金」の概念の周知もあり，仕事はほとんど変わらないのに，シニアを理由に安易に賃金を減額することは不利益変更であるとして，訴訟問題に発展するケースが多く目に付くようになった。本書では，高年齢者雇用安定法の基本概念をおさえて，高齢者雇用の留意点を実例に取り上げながら説明し，併せて企業側の高齢者雇用に当たっての事前対策の取り方について分かりやすく解説している。

　以上の執筆に当たっては，第１章～第４章までは齋藤清一が担当し，第５章は経営，労務問題解決のエキスパートである社会保険労務士の田中恒行氏が担当した。
　これからますます超高齢化と人手不足が進行する中で，健康である限り誰でも70歳までは働かなければいけない時代が来ている。
　本書は，実際のコンサルティングおよび経営相談事例に基づき，そこから得た経験と知見を整理しまとめたものである。
　人手不足がますます厳しくなる中，シニア社員の人材活用については各社共に手探り状態である。１つひとつ丁寧に解決をしていかなければならない課題も多い。本書は，それらの課題を解決に導く実務手引書として役立つ一冊になると確信している。
　最後に，本書の出版に当たっては中央経済社の杉原茂樹編集長に何度もアドバイスをいただいた。心から感謝を申し上げたい。

2018年秋

齋藤清一

目　次

はじめに

第 1 章　人手不足時代の人材活用と生涯労働の推進

1 ワーク・ライフ・バランスの多様化 …………………………………… 2
　1）働き手の変化　2
　2）個人の自由な働き方　3
2 高齢者を取り巻く環境と現状 …………………………………………… 4
　1）高齢者の就業の実態　4
　2）高齢者と女性の潜在労働力　5
　3）変わりゆく制度と賃金のあり方　7
3 日本の雇用スタイルとこれからの生涯現役の働き方 ……………… 12
　1）日本の人材雇用スタイル　12
　2）シニア人材の職業スキルタイプとエンプロイアビリティ　14
　3）生涯現役のためのキャリア形成　18
4 シニア社員の人事・賃金処遇のあり方 ……………………………… 19
　1）能力主義の年功処遇制度からツーラダーシステムへ　19
　2）シニア社員の人事・賃金処遇の考え方　23
　3）シニア社員の役割評価のあり方　26
5 シニア社員の活躍推進の取組み ……………………………………… 28
　1）シニア社員の職業スキル再評価制度　29
　2）各企業におけるシニア社員活躍の場の拡大　32
　3）シニア社員の人事処遇制度規定　34

第2章 賃金体系がある大・中堅企業の賃金
〜シニア社員の人事・賃金処遇制度のあり方とその実務〜

1 シニア社員の賃金の決め方 ……………………………………… 40
 1）シニア社員の雇用形態別評価による賃金の算定例　40
 2）シニア社員の人材活用と賃金　43
 3）高年齢雇用継続給付金と在職老齢年金　44
 4）勤務延長者と再雇用者の違い　46
 5）シニアホワイトカラー・シニアブルーカラー社員の賃金　47

2 職責給・役割給・業績給・成果給の導入 ……………………… 48

3 シニアホワイトカラー社員の賃金体系の再構築 ……………… 50
 1）賃金体系の組立て　50
 2）役割給（職責給）のつくり方　51
 3）シニア社員の賃金体系の再構築の仕方　55
 4）役割給で職能給の弱点を補強　58

4 役割給と業績考課の関係 ………………………………………… 59
 1）目標面接制度　60
 2）役割目標の設定と評価　65
 3）業績考課の実施　72

5 シニア社員と職能給のあり方 …………………………………… 73
 1）自社賃金の実態把握　73
 2）職能給賃金表の作成　79

6 これからのシニア社員の賃金設計のあり方 …………………… 85

第3章 賃金体系のない中小企業の簡便な賃金表のつくり方
～シニア社員の人事・賃金処遇制度の構築とその実務～

1 自社賃金分布の特徴把握 …………………………………………………… 90
　1）賃金プロット図の作成　90
　2）基幹年齢別ポイント賃金の比較検討　91
　3）基幹年齢別モデル（エリート）賃金額の把握　93
2 職能・役割等級制度のフレームの設計 …………………………………… 93
　1）職能・役割等級制度のフレーム作成　93
　2）職能・役割等級別モデル（エリート）基本給表の作成　94
　3）職能・役割等級別基本給ピッチの計算　95
　4）賃金表の作成（その1～その8）　98

第4章 シニア社員の業績反映賞与，成果配分賃金，年俸の支給

1 シニア社員への臨時給与の支払い ………………………………………… 112
2 シニア社員の業績反映賞与 ………………………………………………… 113
3 シニア社員と成果配分賃金 ………………………………………………… 115
　1）成果評価の進め方　118
　2）数値成果と布石成果の評価　118
　3）企業の成果と成功報酬　118
4 シニア社員と年俸制の導入 ………………………………………………… 119
　1）年俸制導入による人材活用の推進　120
　2）年俸制の設計，導入の実務　121

第5章　高年齢者雇用をめぐる留意点
〜判例からその動向を探る〜

1　高年齢者雇用の基本的な考え方 …………………………………… 124
2　どのように雇用するのか …………………………………………… 124
3　避けて通れない高年齢者雇用 ……………………………………… 125
4　高年齢者雇用で留意すべきポイント ……………………………… 126
　1）高年齢者雇用の資格要件　126
　2）高年齢者雇用における使用者の裁量権　126
　3）使用者の裁量権の制限　130
　4）継続雇用時に付与する仕事に対する見解の相違　132
　5）企業グループ内での継続雇用　137
　6）企業再編に伴う継続雇用の条件の解釈と運用の可否　142
　7）訴訟行為が再雇用に与える影響　145
　8）定年間近を理由に賃金を引き下げた問題点　147
　9）労働契約法20条の適用に関する問題点　153
5　高年齢者雇用についてのまとめと今後の課題 …………………… 159
　1）高年齢者雇用に対する企業側の裁量権　159
　2）継続雇用時にいかなる仕事を付与するか　160
　3）企業グループ内の継続雇用　160
　4）企業再編時における継続雇用　161
　5）訴訟を起こしたことが再雇用に与える影響　161
　6）従業員が高齢であるという理由で賃金を引き下げたことの問題点　162
6　今後の課題 …………………………………………………………… 163
　1）65歳を超えた高年齢者の雇用の確保　163
　2）今後の高年齢者雇用対策　164

第1章

人手不足時代の人材活用と生涯労働の推進

　終身雇用から半身雇用へサラリーマンの能力差はAI，IT，IoTなど高度情報化技術革新に伴い広がる一方であり，処遇にも差がつく「個別化の時代」に入ったと言われている。労働市場はオープン化，ワイド化が確実に進行しており，人材不足問題が一層顕在化している。これらの状況を受けて，企業の多くは個別主義による評価，育成，活用，処遇の戦略的なシステムを再構築し，人事パラダイムの転換を図ろうと努めている。

　今まで多くの企業は，単一の人事管理の下で時に応じて成績・業績考課のウエイトを高めたり，また目標管理による仕事体制づくりや人事考課制度の見直し（コンピテンシー評価制度の導入＝高成果実現行動特性評価），役職ポスト不足対策と絡めた職能資格制度，複線型人事制度の導入など，制度の一部見直しや改定を繰り返してきた。

　しかし，今や顕著な人手不足を背景に優秀な人材の採用難や転職志向の高まり，働く意識の変化，また企業に対する要望の増大など人事問題が山積している。

　人手不足に苦しむ中小零細企業の活路は，潜在労働力として期待される女性とシニア社員の活用である。特に，シニア社員には現役社員と区分ける60歳定年，役職定年の２つの年齢ハードルがある。円熟した高齢者の労働力をいかに最大活用するか，各企業が腐心をしているのは，まさにその改革の具体策づくりである。

1 ワーク・ライフ・バランスの多様化

1） 働き手の変化

　働き方，休み方改革は，経営者の人材に関する価値観を大きく変えることになると思われる。優れた企業では，「働きやすい職場を作るには『社員に自由裁量権』を与えることが大事」と考えている企業が多い。この点は優れた企業に共通していることという[1]。問題はワーク・ライフ・バランスなど働く側に立った人事マネジメントが広がる中，経営側にとっては，これらの働く自由度の容認がどれだけ経営成果に反映されるのかが大きな関心事である。

　企業と働き手の関係が変わってきている。

　例えば，人事異動や転勤は，職場の活性化や社員の能力開発（職歴の拡大）とキャリア形成のために有効な手段として経営側主体で行われてきた。働き手側にとっては，新たな職場での心機一転，自己能力の見直し，潜在能力を生かすといった良い機会であり，キャリアパスは，管理職昇進のための絶対必要な資格要件であったのである。しかし，人事異動はサラリーマンにとって人生の一大事でもある。昨今，働き手は人事異動や転勤のない人事制度を選択する人たちが増えている。

　「中央大学大学院戦略経営研究科ワーク・ライフ・バランス＆多様性推進・研究プロジェクト」が昨年まとめた転勤政策についてのアンケート調査によると，転勤に伴って家族関係に支障があったと答えた会社員は18％に上ったという。また，配偶者やパートナーの仕事に支障があったとの回答も17％あった[2]。人事異動や転勤を拒否する社員が増えている。

　シニア社員に関しては親の老齢介護，子供の自立問題など，金銭的にも精神的にも，現役社員に増して問題を抱えている。経営側にとっては新たな経営展開を阻む頭の痛い問題である。

2） 個人の自由な働き方

　女性の社会進出の拡大とともに，社員の働く意識や労働観も大きく変化している。特に，直近の人手不足は事業縮小もやむを得ない顕著な状況で，経営にも軋みが見える。この状況の中，今までのような同質的な人事管理や画一的な管理では，これからの経営には対応できない。週休3日制，週休4日制といった企業も目につくようになり，働き手の勤務態様の変化も必然である。働き手の自由度を認めた自律管理による勤務態様モデルをフリーワーカー，パート，アルバイト，正規社員，シニア正規社員，非正規社員別につくり上げなければならない労働環境にある。

　職種やコース別に，例えばテレワークの推進，自分のバイオリズムに合わせた好きな時間帯に働くフレックスタイム制の導入，また人事異動配置に当たっては社内公募制や自己申告制度，面接制度を通じての自己主張，自己充足機会の付与など，人材活用戦略が一段と重要になった。もう1つ人事改革や見直しが必要なのは，多様な労働に従事する人たちの評価システムである。言葉を換えれば，本人の意思と適性による職群選択コースの明確化である。

　「生涯労働」が最近，マスコミの話題に取り上げられるようになったが，高齢者本人にとっても，働くことが心身の健康に良い影響を与えることはさまざまな研究で明らかになっている。内閣府が60歳以上の労働者に何歳まで働きたいかを聞いた2014年調査でも，「働けるうちはいつまでも」との回答が42％と最も多かったとしている。

　多様な働き手を受け入れざるを得ない企業にとっては，これらさまざまな労働観を柔軟に受け止めるしなやかな人事管理の導入が必要である。

2 ┃ 高齢者を取り巻く環境と現状

1） 高齢者の就業の実態

　まず高齢者の就業の実態はどうなっているのか，その現状を分析しその問題点と解決策を考えてみたい。

　高齢者の就業について，「平成28年版高齢社会白書（全体版）」[3]第1章「高齢化の状況」を見てみると，60歳以上の高齢者に何歳ごろまで収入を伴う仕事をしたいかを聞いたところ，「働けるうちはいつまでも」が28.9％と最も多く，次いで「60歳くらいまで」「70歳くらいまで」がともに16.6％，その他を含め，就労を希望する高齢者の割合は71.9％となっている。

　高齢者の男性有職者の割合は男性は55～59歳で89.7％，60～69歳で72.7％，65～69歳で49.0％と，60歳を過ぎても多くの高齢者が就業している。一方，女性の有職者の割合は55～59歳で65.0％，60～64歳で47.3％，65～69歳で29.8％となっている。

　次に全産業の雇用者数の推移を見ると，2015年時点で60～64歳の雇用者は438万人，65歳以上の雇用者が458万人となっており，60～64歳を初めて上回ったとしている。

　男性高齢者の雇用形態（除く役員）は，非正規社員の比率が55～64歳で14.3％であるが，60～64歳で57.1％，65～69歳で74.4％となっている。一方，女性は55～59歳で62.9％，60～64歳で76.5％，65～69歳で78.0％で，65歳以上者は男女とも大多数が非正規職員の身分となる。

　厚生労働省は，高齢化の進行に伴う雇用義務年齢の引上げを視野に，年金受給年齢の引上げに伴う加算率の引上げ試案の検討を始める一方で，企業側にも高齢者活躍の場づくりと人事処遇制度の改善，改革を促している。しかし，各企業の高齢者活用対策は，一部の大企業で70歳までの雇用延長などはあるものの，中小企業の多くは人手不足から様子見の状況にあり，あまり進んでいると

は言えない。人件費の増加や組織の若返りの遅れなどを心配する企業が多いからである。また，急速に進む高度情報化（IoT，IT，AI）社会の進展の中で，高度情報機器の活用に戸惑う高齢者も多く，高齢者適性職務の開発は遅々として進んでない。

厚生労働省によると各企業の高齢者雇用の8割が定年は60歳であり，その後の身分は嘱託社員として再雇用し，現役時代の担当職務を継続しているとしている。

2) 高齢者と女性の潜在労働力

空前の人手不足については今まで何度となく触れてきたところだが，潜在的労働力として高齢者と女性労働力の掘り起こしと活用が人手不足を補完する。

現在の労働力人口はどうなっているのだろうか，現状の正しい認識とその対策が必要である。

平成29年4月の失業率は2.8％，有効求人倍率は1.48倍，新規求人倍率は2.13倍[4]となっている。有効求人倍率はバブル経済期の水準を約43年ぶりに超え，

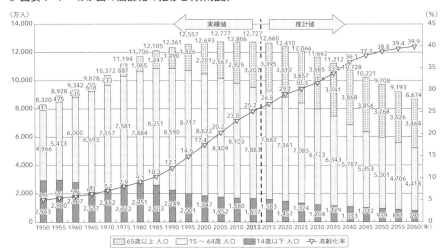

▶図表1-1　わが国の高齢化の推移と将来推計

出所：総務省『情報通信白書 平成26年版』2010年までは国勢調査，2013年は人口推計12月1日確定値，2015年以降は国立社会保障・人口問題研究所「日本の将来推計人口（平成24年1月推計）」の出生中位・死亡中位仮定による推計結果

今や人手不足は企業経営に支障を来たす状況であると，連日，新聞，TVは報じている。しかし，企業の採用方針は依然として若年労働力の確保中心であり，人手不足を助長しているように見える。

　総務省「情報通信白書 平成26年版」[5]によると，65歳以上の人口は2010年には23.0％であったが，2060年予測では39.9％と世界のどの国でもこれまで経験したことがない少子高齢化が進むことが見込まれている。図表1-1「わが国の高齢化の推移と将来推計」と図表1-2「わが国の潜在的労働力」を見ると，高齢者と女性潜在的労働力の活用は焦眉の急になっていることがわかる。

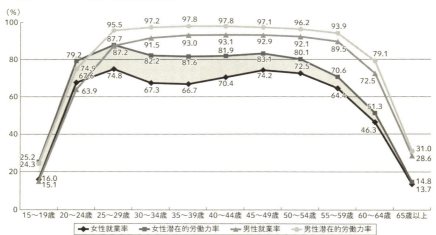

▶図表1-2　わが国の潜在的労働力

※潜在的労働力率＝（就業者＋完全失業者＋就業希望者）／人口（15歳以上）
※岩手県・宮城県・福島県を除く全国
出所：総務省「労働力調査（詳細集計）」（平成25年平均），総務省『情報通信白書 平成26年版』

　女性の労働力人口比率では，20～30歳代を中心に低下するいわゆるM字カーブ問題が指摘されている。これは結婚や出産，子育てを機に女性が退職することによって，年齢別にみると20～30歳代の女性の労働力人口比率が窪み，M字を描くことからこのように言われている（図表1-3）。ただ，このM字の傾向は近年数字上では改善している状況と言う。最も窪んでいる位置も昭和50年は25～29歳だったが，平成25年では35～39歳と徐々に右側にシフトしつつある状

況にある。このことは女性の労働力人口比率が改善したと言える側面もあるが、近年進みつつある晩婚化・晩産化に伴う影響等も指摘されている。

▶図表1-3　女性の労働人口比率の変化（M字カーブ）

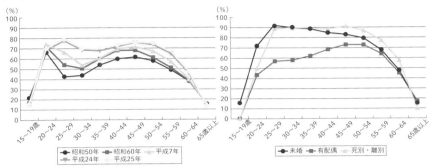

出所：総務省「労働力調査（基本集計）」（平成25年）、総務省『情報通信白書 平成26年版』

　女性の労働力の活用については、国を挙げて働きやすい法的メニューの整備や諸施策の改善が進んでおり、その結果がM字型カーブにも表れている。しかし、高齢者の雇用推進については政府は働き方改革案の1項目として挙げているものの、具体的な施策は遅れている。本書では、シニア社員の人事処遇のあり方とその実務について解説することにする。

3）　変わりゆく制度と賃金のあり方

①　高齢者雇用と同一労働同一賃金
ア　同一労働同一賃金の推進

　政府が進める「同一労働同一賃金」の中途半端な理解が混乱をきたしている。見かけは同じ仕事をしていても、企業の緊急時に「出勤し対応できる社員」と「できない社員」がいたときに、日常は「同一労働」をしているから「同一賃金」を支払うべきか否かの素朴な疑問や意見が多数ある。複線型人事制度を導入している企業においては、見かけは総合職と一般職が同じ仕事をしていても、本当に「同一労働」であるか否かは働く条件を皆同じにしないと比較はできないとしている。

このことは，現役社員と定年後に再雇用されたシニア社員の処遇格差についても同じことが言える。従来は，高齢になれば賃金は定年前に比べて下がるのは当たり前として企業も労働者も対応してきたが，労働者側からは定年を迎えたとは言え労働は定年前と全く同じなのに高齢を理由に賃金減額はおかしいとして労務トラブルや訴訟に発展するケースが出てきている。
　政府の同一労働同一賃金のガイドライン案によると，賃金格差は職務内容等により許容されるとしているが，どの程度の賃金差であればよいのかハッキリとしていない。しかし，最高裁が平成30年6月1日，定年退職後の再雇用などで待遇に差が出ること自体は不合理ではないと判断した。運送会社「長澤運輸」（横浜市）の事例で，定年退職後に嘱託になった運転手3人が起こした訴訟である。最高裁は
- 定年後再雇用の嘱託社員と正社員では賃金体系が異なる
- 定年時に退職金を支払う
- 年金受給前は調整給を支払う
- 年収が退職前の79％程度になるように配慮されている

等の点を考慮し職務給や賞与などを支払わないことが「不合理とはいえない」と認定している[6]。

イ　同一労働同一賃金の均等待遇の問題

　もともと，わが国の正社員採用の基本は学卒定期採用であり，これらの学卒者は未熟練労働者である。企業ではこれらの新人を一人前にするために長い年月をかけてOJTや研修，人事異動によって能力開発を行い，ストック人材として育てる。役職は内部昇進制度であり，その役職は社内外のステイタスとしても重要な意味をもつ。一方，企業内には内部労働市場が形成され職能資格の序列づけが行われるが，その資格は賃金や名刺肩書きとしてもインパクトがある。
　一方，「短時間・有期雇用労働者」の採用は，職務を限定した中途採用がメインになろう。したがって，初任給はそのときの労働市場の需給状況や経済環境によって可変性豊かな賃金になる。
　雇用形態の違いを賃金に置き換えれば，正社員の賃金は人材が育つ40歳までは職能給（能力開発賃金）がよい。しかし，人材が育った後の40歳以上や管理

者には，組織にどのような利益や組織貢献をもたらしたのかの役割給（日本型成果主義賃金）が望ましい。

　一方，シニア社員を含む「短時間・有期雇用労働者」の職務は，現場の定型業務や担当者の欠員補充，特定労務職務が中心となる。これらの仕事は，職務の価値で賃金を決める職務給の選択がよい。このように，「正社員と短時間・有期雇用労働者」の担当職務が異なるため必然的に賃金体系も異なったものとなり，同一労働同一賃金の均等待遇の問題は回避することができる。また，賞与，退職金，成果配分賃金算定の基礎ベースも，職務給に連動し正社員と短時間・有期雇用労働者では必然的に異なったものになる。

　賃金水準については正社員は内部労働市場に強く拘束されるが，逆に短時間・有期雇用労働者は外部労働市場の影響を強く受ける。

② 職能，職務，役割業務の明確化

　職能給と職務給，役割給は全く異なる賃金体系である。正社員には職能給を，管理者になったら役割給を，シニア社員や短時間・有期雇用労働者には職務給を適用する。担当職務の違いが賃金体系の違いとなり，また賃金表も異なる。賃金表の違いにより賃金差が生じても，それは必ずしも不合理とは言えない。

　大切なことは，職務調査を実施し仕事（課業）や役割業務を洗い出し，職能・職務・役割要件書を作成することである。職種別，等級別に仕事（課業）を明確にしておく。これらの職能・職務・役割要件書ができたら，この要件書を活用して，総合職，一般職，専門職，シニア社員を含む短時間・有期雇用労働者の仕事分担を明確にしておくことが望まれる。

　すなわち，短時間・有期雇用労働者にふさわしい課業とは何か，職務調査により明確化しておくことが必要である。これが，複線型人事制度である。

　職務調査は，均等待遇と紛争解決のための基礎資料を抽出する作業でもある。簡便な調査で課業一覧表を作成しておくことが必要である。

　さて，同一労働同一賃金の課題は，正社員と短時間・有期雇用労働者の賃金格差問題ばかりではない。正社員同士であっても男女間の格差問題がある。

　転勤ができる，できないなどの資格要件で総合職と一般職を区別する賃金格差はいまや世間の賛同を得られない。転勤は女性には不利な要件であり，男女

差別と見られるからである。

　最後に，短時間・有期雇用労働者についても，正社員の資格要件を充足したときは正社員に職群転換または正社員に準拠した処遇ができる基準を明確化し公開をしておくことが必要である。努力する者は報われる。天に至る道は残しておくことが大切であろう。

③　副業・兼業の動き

　1つの企業に寄りかかって安心できた時代は終わった。自分の可能性を広げる機会は社外にも広がっている。政府が進める働き方改革は従来の人事のあり方を大きく変えようとしているが，企業の多くは副業・兼業を認めていない。

　法的には副業・兼業に係わる法的な規制はないが，企業側が懸念するのは情報漏洩のリスク，競業，利益相反などである。

　厚生労働省は2018年1月に副業・兼業に係わる「副業・兼業の促進に関するガイドライン」を公表し，併せてモデル就業規則の改定案を示した。

　就業規則で「許可なく他の会社等の業務に従事しないこと」という「兼業・競業の禁止」規定を削除し，副業・兼業についての規定を新設する案である。

モデル就業規則改定（案）

副業・兼業

第○条　労働者は勤務時間外において他の会社等の業務に従事することができる。

　2　労働者は前項の業務に従事するに当たっては事前に会社に所定の届出を行うものとする。

　3　第一項の業務に従事することにより次の各号のいずれかに該当する場合は会社はこれを禁止又は制限することができる。

　①労務提供上の支障がある場合

　②企業秘密が漏洩する場合

　③会社の名誉や信用を損なう行為や信頼関係を破壊する行為がある場合

　④競業により，企業の利益を害する場合

ア　労災保険の取扱い

　労災保険制度（休業補償，障害補償，遺族補償等）は労働基準法における個別の事業主の災害補償責任を担保するため，その給付額については災害が発生した就職先の賃金分に基づき算定する。また，労働者が副業・兼業先の両方で雇用されている場合，他の移動先への移動時に起きた災害については，終点たる事業場の保険関係で行うものとしている。

イ　雇用保険，厚生年金保険，健康保険の取扱い

　雇用保険制度の加入手続きの適用条件は，①1週間の所定労働時間が20時間以上，②継続して31日以上の雇用契約者であること，の2点である。

　問題は，それぞれの雇用関係において被保険者要件を満たす場合の手続きは，その者が生計を維持するに必要な主たる賃金を受ける雇用関係についてのみ被保険者となるとしている。

　社会保険（厚生年金保険および健康保険）の適用要件は事業所ごとに判断するため，いずれの事業所においても要件を満たさない場合，労働時間等を合算して適用要件を満たしても適用されない。

　一方，それぞれの事業所で被保険者要件を満たす場合，被保険者は事業所を管轄する年金事務所および医療保険者を選択する。選択された年金事務所および医療保険者においては各事業所の報酬月額を合算して標準報酬月額を算定し保険料を決定する。年金事務所への保険料の納付は各事業主において被保険者に支払う報酬の額により按分した保険料を，選択した年金事務所に納付（健康保険の場合は選択した医療保険者などに納付）することになっている。

ウ　割増賃金の支払い

　副業・兼業先の両方で雇用されている場合の労働時間外等の規定の適用は，労働基準法38条「労働時間は事業場を異にする場合においても労働時間に関する規定の適用については通算する」と規定されている（労働基準局長通達（昭和23年5月14日基発第769号）。したがって，法定労働時間（労働基準法32条，40条）を超えて労働させる場合には，使用者は36協定を締結し，自社で発生した法定外労働時間について割増賃金を支払わなければならない。労働基準法上の義務を負うのは，法定労働時間を超えて労働させるに至った使用者である。

留意点は，通算した所定労働時間がすでに法定労働時間に達していることを知りながら労働時間を延長するときは，先に契約を結んでいた使用者も含め延長させた各使用者が義務を負うものとしている。

エ　変化する産業構造と対応策

ICT，IoT，AIなど，高度情報化時代の進展，急速に進む経済と経営のグローバル化など日本の産業構造の変化に加え超高齢化，人口減少など「働く」を取り巻く環境が大きく変化している。その1つはサービス業，特に医療・介護やホスピタリティ産業が胎動し，これらの産業における労働は，働く人のキャリアや生活といった側面にも，これまでの労務・人事管理とは大きく異なった状況をもたらしている。

副業・兼業は，社会全体としてみれば専門職をメインに広がっていくだろう。オープンイノベーションや起業の手段としても有効だからである。副業・兼業は今，一部の大企業中心の動きであるが，すでに医療産業における医師職，薬剤師等の人材確保においては，当たり前として行われている。

しかし，中小企業においてはまず，人材の定着対策を優先すべきで，採用困難な専門職に限定して副業・兼業を認めるのがベターであろう。

3　日本の雇用スタイルとこれからの生涯現役の働き方

1）日本の人材雇用スタイル

日本経営の特徴は人と企業がダイレクトに社員として結びついていることである。したがって，社員はその企業の期待像を目標に教育を受け，人事異動により数々の職場を経験して職務を拡大しながら，知識や技能を積み重ねて判断力や企画力を身につけ，修得能力や習熟能力を身につけていく。すなわち，同一企業内で昇格，昇給し，昇進を積み重ねて成長をしていく，企業内社員成長システムである。

社員は企業の期待像を受けとめ，企業と社員が一体になり，社員が仕事をクリエイトしていく。この企業内社員成長システムは人事処遇の基本軸に職能資格等級制度を位置づけ，社員教育やキャリア開発を推進していく。職能前期の若年社員には，本人の意思と適性，能力によって本人自らが選択する総合職，専門職，一般職，技能職群といったいくつかの進路選択コースがある。また，職能後期の40歳以降の完全習熟に達した社員には実力，実績に応じた人材活用となる管理・監督職，専門職，専任職，資格呼称職群などのコースがあり，昇進コースを歩む人と役職につかない資格呼称職のいずれかの職群に位置づけられる。これが，わが国における一般的なサラリーマンの終末スタイルである。

　40歳以降の完全習熟に達した社員の人事処遇軸は，もはや能力開発の職能資格等級制度ではやってはいけない。グローバルな企業競争を生き残るためには，否が応でも結果（成果）を求める成果主義人事に人事パラダイムを転換しなければならないからだ。すなわち，職能資格等級制度から役割（実力）等級制度に，人事パラダイムを切り替えることになる。わが国の人事・賃金の基軸は今，職能資格等級制度と役割（実力）等級制度のツーラダーシステムになっている。したがって，若年時に限定した働き方（一般職＝定型単純業務）を選択した社員の職能後期の能力，実力評価は，必然的に一般定型業務中心の一般職しかできないという評価にならざるを得ない。

　また近年は，AI，IT，IoTなど高度情報化，技術開発の高速化の中で，高位資格者，シニア社員の能力の陳腐化（ミスマッチ）が一段と顕著になっている。その主な課題を拾ってみると，

- 実践，行動力の面で新規事業の企画開拓や技術革新，経営革新のテンポについていけない。（変化対応能力が弱い）
- ポスト指向が強い。（専門的高度な知識技術を持たない。年功で勝ち取ったポストである）
- 知力，気力，体力面において割高な労働力である。（能力発揮と賃金のミスマッチが生じている）
- 教育や成果などの面で将来性に欠ける。（チャレンジ研鑽意欲の欠如，気力不足が目立つ）

など，シニア社員の能動的態度不足が各企業の共通課題として見えてくる。

　65歳までの雇用の義務化に伴い，安易に労働条件の切り下げを一律的に行い（賃金ダウンほか）再雇用をする企業が一般的である。ただ，他社でやっているのでうちの会社でも賃金をカットするでは，経営理念は一体何処にあるのかと経営者の姿勢まで疑われることになる。

　人手不足の折，シニア社員の豊富な経験と知恵と実績の活用を真に考えなければならないときにある。

2） シニア人材の職業スキルタイプとエンプロイアビリティ

① シニア人材の職業スキルタイプ

　シニア人材の職業スキルタイプは次の3つのタイプに分類ができる。専門職（S.M：スペシャリスト），専任職（E.M：エキスパート），実務職（ワーカー：ホワイトカラー，ブルーカラー）である。

　図表1-4にあるように，職業スキルタイプの出発点はブルーカラーとホワイトカラーの2つの実務職であり，言葉を換えれば定型業務のベテラン社員で

▶図表1-4　高齢者職業スキルタイプと職務分類

ある。この定型業務担当社員には4つのタイプがある。総合職（多能化コース），一般職（深能化コース），専任職（職種指定コース），技能職（社会的特殊技能コース）である。これら職群の上にいる，ある一定分野業務での深い経験を持ち高度熟練者として常に高い成果を挙げ続けている人材群を専任職（E.M）と言う。強力な業務推進力を持ちその道のベテランとして位置づけられる人たちである。

一方，若いうちに総合職を選択し幅広く多職種を経験したベテラン社員もいる。これらの社員の中から，経営バランス感覚を持ち，かつマネジメント能力（部門統括，部下掌握育成，企画開発，業務推進など）を持つ人材を選抜し管理職（M.M）に登用する。管理職は多様な労働力パワーを発揮させる組織の要と位置づけられる。しかし，多くの大・中堅企業では役職定年制が導入されており，シニア社員ともなれば定年後に賃金カットもあり，隠居生活的な業務に従事しているのが一般的である。

② 「専門職」

専門職（S.M）はスペシャリストとプロフェッショナルの2つに区分される。

プロフェッショナルの代表選手としては，例えば職業ドライバー，オペレーター，SE，看護師，薬剤師，医師，税理士，公認会計士，弁護士，大学教授等が挙げられる。職種柄，社会的労働市場が形成されているこれらの専門職業の職群は，社会的な労働価値が明確である。

職種を見るとこれらプロフェッショナルには2通りあることが分かる。極めて高度な専門的知識や技術，技能の修得など学問的，理論的な体系，知識，実務または応用知識の上に成立するホワイトカラープログループと，特にハイレベルの専門的知識や経験はあまり必要としない技能の熟練を積むことを中心としたプログループである。

これらの人材は，外部ですでに完成されたプロを採用，配置するのが一般的で，例えば，極めて高度な専門知識や技術を持つSE，税理士，公認会計士，社会保険労務士，医師，弁護士など社会的専門職種と言われる人たちの間では，すでにスカウト人事も活発に行われている。社会的専門職業の位置づけは明確であり，それを受けて企業内の処遇価値づけも必然的に決まる。

いずれにしても，これらの職群の人材は企業経営の先導者として企業発展の鍵を握る。組織の要所要所に上手く配置し，人材活用を図ることによって組織力をアップさせることができる仕事人である。

③ 極めて高度な専門職「高プロ」

専門職（S.M）の中には極めて高度な専門知識や技術を駆使して，ある一定分野の研究，商品，企画開発，市場，組織開発業務などに携わるスペシャリストがいる。これらの専門職は，米国のホワイトカラー・エグゼンプションを参考にした高度プロフェッショナル制度の適用者（年収1,075万円以上）と，ある一定分野業務の卓越した技能や技術を駆使して業務を推進するいわゆるホワイトカラーと言われるプログループの2つに分かれる。これらの人材は企業経営の先導者として即戦力になる企業発展の鍵を握る人達である。

高度プロフェッショナル（以下，「高プロ」と称す）（法案[7]には1,075万円以上の高収入の金融ディーラーやコンサルタントなど）適用者は，年齢や労働時間に関係なく業績・成果により賃金が決まる。「高プロ」の仕事は，必ずしも労働時間の長さと成果が一致するとはいえないからである。

IT（情報技術）の進行に伴い，時間や組織にとらわれない働き方，人事のあり方を変える新たな時代を迎えている。

働き方改革関連法案は，正社員の長時間労働という雇用慣行の見直しにもメスを入れている。労働時間を規制する労働基準法32条では，原則として1日8時間，1週間に40時間と定めているが，労使が労働基準法36条に基づく協定を結べば，月45時間，年間360時間まで残業が認められる。また，特別条項を設ければ上限をなくすことも可能であり，残業時間は事実上青天井と言われてきた。しかし，法案はここにメスを入れ，月45時間，年360時間の原則に加え，労使で特別条項に合意しても「単月100時間未満」を基本とし，「年間では720時間」「2～6カ月平均80時間」という上限を設けた。また，残業が月45時間を超えてよいのは6回までである。違反をすれば企業側に懲役や罰則が科せられる。新ルールの適用は大企業は2019年4月，中小企業は2020年4月からとなり，一部の業種（医師，自動車運転業，建設業など）は人手不足から2024年4月に先送りされる。研究開発等の業種は規制自体が適用されない。

脱時間給の「高プロ」の取扱いは次のとおりである。
- 書面等による合意に基づき職務の範囲が明確に定められている労働者であること
- １年間に支払われると見込まれる賃金の額が「平均給与額」の３倍を相当程度上回る水準として，省令で規定される額（1,075万円を参考に検討）以上である労働者であること

労働時間については健康管理のため「４週４日以上，年104日以上の休日確保」を義務づけ，さらに労使で次の４つの選択項目の中からどれか１つ以上の対策を選ぶ必要がある。

脱時間給制度で設けられている健康確保措置は次のとおりである。
- 義務：●年104日以上（週休２日に相当）の休日
  - ●４週で４日以上の休日
- どれか１つ以上を選択：●労働時間の上限設定の導入
  - ●勤務間インターバル制度の導入
  - ●２週間連続の休暇
  - ●臨時の健康診断の実施

④　「専任職」と「実務職」

一方，専任職（E.M）は企業内のある一定分野業務で経験を積み，深い業務知識と技術，技能を身につけ，高度熟練業務に従事するベテラン人材群である。この専任職は，企業内で一定分野業務での深い経験を活かし，高度熟練者として担当業務の推進で高い成果を上げることが期待されている人材群である。強力な業務推進力を持ち，ベテランとしての後輩指導などの役割を持つ。管理職の役職定年，一般職の60歳定年時の人材の受け皿として，企業活力の源とも言えるキャリア集団である。また，一般サラリーマンの終着駅に当たる職能集団でもある。E.Mのスキル認定者は70歳までの雇用継続のチャンスがある。

実務職は，大きくホワイトカラー，ブルーカラーの２つに区分されるが[8]，技術や技能を必要とする熟練定型業務に従事する者は定年後５年程度，70歳くらいまでの雇用継続は可能である。しかし，単純定型業務すなわち習熟の浅い仕事に従事する者についての雇用の受け皿は少ないと言わざるを得ない。

▶図表1-5　65歳以上のシニア人材のエンプロイアビリティ

スキル＼雇用期間	長期（制限なし）	中期（雇っても5年程度）
極めて高度な専門職 ●S.M（裁量労働制） （社内で育成が難しい）	プロフェッショナル ○	
深い経験を持つ専任職 ●E.M （企業内で育成可能）	△	プロジェクト業務終了まで ○
●実務職 （採用が容易である）	×	腕，技能などのスキルを持つ者 ○

○雇いたい　△条件等によっては雇ってもよい　×雇いたくない

3）　生涯現役のためのキャリア形成

　生涯現役の覚悟を決めた者の道筋は，S.M（高度な専門職＝プロフェッショナル・スペシャリスト）を目指すことが理想である。しかし，これからの高度情報化，高齢化，高学歴化社会の進行に伴い，仕事と能力のミスマッチはますます顕在化するだろう。ただ普通に仕事をしている状態では，プロフェッショナル・スペシャリスト人材へと成長すること，仕事や能力が退職の日まで上昇を続けるキャリア形成をスムーズに確保することは難しいことである。研究，技術開発は日進月歩であり，産業，職種によっては業務に大きな影響がある。仕事は絶えず変化し陳腐化する中で，キャリア形成をいかに進めるかは難問である。

　また，現場作業，事務の単純定型業務はAI，IT化に早晩取って代わるだろう。これらの問題解決策として「職務の複合化，職種転換」も進むはずである。AI，IT機器を使っての新たな仕事も生まれてくるだろう。しかし，これらの新しい仕事についていけない，能力と仕事のバランスが崩れたシニア社員もいる。従来必要とした熟練労働や経験，勘は今やコンピューターや機械作業に変わり，労働内容はソフトのプログラム設計やスイッチのオン・オフ，機器のメンテナンスおよび機械操作などに変わった。特に，熟練定型業務に携わる現場社員は，主たる業務を持ちながら周辺関連分野まで裾野を広げ，緊急時には即応援業務ができる多能化業務の習熟を必要とする。職務の複合化，職種転換能

力を身につけておかなければならない。

　仕事への裁量権を認められるということは，仕事の成果責任やエンプロイアビリティ（雇用される能力）の責任は当然に自己責任に帰することを意味している。自分のキャリアアンカー[9]とは何か，若いうちから自分の進路を考えキャリアアップの努力を積み重ねておくことが必要なことは言うまでもない。そのキャリアアンカーは，おおむね専門職（S.M），専任職（E.M），管理職（M.M），実務職（ホワイトカラー・ブルーカラー）の4つのタイプに絞られる。

　職業年齢で考えれば，完全習熟年齢である40歳までは企業責任による人材育成コースだが，40歳を超えたら自己責任による人材活用の年齢であることから，遅くとも45歳ともなれば自分のキャリアアンカーを意図的かつ計画的に意識して，自分で職業能力を磨きにかからなければならない。

　このように，生涯にわたり広範かつ異質な業務を経験しキャリア形成を進めることが，高齢者になっても現役として働ける力を蓄えることになる。

4 シニア社員の人事・賃金処遇のあり方

　人を処遇するには能力で処遇をするのか，それとも仕事で処遇をするのか，どちらかの選択が必要となる。能力で賃金を決める場合は能力主義のベースとなる職能資格等級制度の導入が必要であり，一方，仕事で賃金を決めるのならば成果主義のベースとなる役割（実力）等級制度の導入が必要である。実力とは能力があってこそ成立する概念であることから，読者の理解を得るためにまず能力主義賃金の特徴を確認し，次に成果主義賃金とは何かを考えてみることにしよう。

1） 能力主義の年功処遇制度からツーラダーシステムへ

　社員を処遇するには肩書（偉さ）と賃金の2つがある。企業での肩書がそのまま社会に通用するため，企業の中でどのような地位，肩書であるかは本人に

とっても家族にとっても重要である。また，肩書は偉さを表し，賃金を決める柱でもあることから，この肩書と賃金は何を基準にして決まるのかは，働く者にとっては一大関心事でもある。したがって，肩書と賃金を決める客観的で明確な基準が必要である。従来，わが国では年功が処遇基準のメインとなってきた。

年功とは勤続年数，学歴を基準にした能力主義人事である。すなわち，本人の能力を真剣に見ずに，勤続年数の長い者は仕事も習熟しており，また学歴のある者は皆，知識が優れ仕事もできると短絡的に評価した基準であった。このような勤続年数，学歴をファクターとする年功基準が能力主義の代理指標として活用されたのは1960年代のことであった。

しかし，これらの基準は新しい時代環境の中で，大きな矛盾を含んでいることは誰の目にも明らかである。まず，誰でも大卒という高学歴化時代になった。

また，勤続年数（経験）のある者は本当に仕事ができるのかという疑問である。これについては検証が必要である。IT，AIを活用する事務処理のスピード化についていけない中高年者も多い。さらに産業構造の進展は，男女の仕事に区分差をなくした。

さて，勤続年数で賃金を決めるのであれば勤続給（経験給とも言う）であり，学歴で賃金を決めるのであれば学歴給である。高卒，短大卒，大卒によって初任給が異なり，この初任給差はそれぞれ定年まで継続される。能力主義人事の導入企業においては，高卒者も大卒年齢22歳到達時に大卒者と全く能力は同じと評価されれば大卒初任給と同一資格，同一賃金となる。しかし，年功賃金では生涯にわたり学歴差が温存される。

また，初任給には男女差もつく。しかし，今日，男女雇用機会均等法違反の問題指摘があり，男女であからさまな差をつけることはできないため，総合職，一般職というようにコース別賃金を導入し，複線型賃金を男女別賃金の隠れ蓑にしていると見られる企業も多数あるが，これは法律違反と言われても仕方がない。

この年功基準（学歴，経験etc）による賃金は，広い目で見れば能力主義賃金と言えるが，正確に言うと擬似的能力主義賃金である。真性能力主義賃金は職務遂行能力をベースにした賃金であり，学歴，経験等のファクターを完全に

排除した賃金である。

　さて，シニア社員の賃金を考えるとき，真性能力主義賃金の適用がベターなのか，それとも成果主義の役割給（実力給）がよいのか，どちらの賃金を選択

▶図表1-6　職能資格・役割（実力）等級制度のフレーム（例示①）
（ツーラダーシステム）

職能資格等級制度			役割（実力）等級制度	
管理監督機能	9	局長	Ⅴ 局長クラス	企業全体の経営管理責任者，スタッフ・専門集団の統括責任者業務（経営戦略，政策業務の遂行）
管理監督機能	8	部長	Ⅳ 部長クラス	業務管理責任者やスタッフ・専門職集団の責任者業務（管理，企画，開発，統率業務）
管理監督機能	7	部長	Ⅳ 部長クラス	業務管理責任者やスタッフ・専門職集団の責任者業務（管理，企画，開発，統率業務）
指導監督機能	6	課長	Ⅲ 課長クラス	管理・監督・専門・専能職としてチームをリードする課題遂行の責任者業務（企画，立案など特定分野業務〔専門・専任業務〕の遂行）
指導監督機能	5	係長	Ⅱ 係長クラス	高度な熟練や専門知識によって判断業務を遂行する裁量的な仕事（熟練，判断，指導業務の遂行）
指導監督機能	4	主任	Ⅱ 係長クラス	高度な熟練や専門知識によって判断業務を遂行する裁量的な仕事（熟練，判断，指導業務の遂行）
一般機能	3		Ⅰ 一般職員	指示された仕事を忠実に実行する定型的・補佐的な仕事および担当者として自己の判断と責任を要する仕事（含む定型・熟練業務）
一般機能	2		Ⅰ 一般職員	指示された仕事を忠実に実行する定型的・補佐的な仕事および担当者として自己の判断と責任を要する仕事（含む定型・熟練業務）
一般機能	1		Ⅰ 一般職員	指示された仕事を忠実に実行する定型的・補佐的な仕事および担当者として自己の判断と責任を要する仕事（含む定型・熟練業務）

1．40歳に到達した時点で役割（実力）等級制度に移行する。職責の格付けは実力評価により等級を決定する。
2．年齢に関係なく，課長以上の役職に登用された者は役割（実力）等級制度を適用する。
3．職能資格等級制度（能力主義）と役割等級制度（職責，実力，成果主義）の関連はない。

▶図表1-7　職能資格・役割（実力）等級制度フレーム（例示②）
（ツーラダーシステム）

職能資格等級制度		対応役職	役割（実力）等級制度	
管理監督機能	9 本部長格	↕ 本部長	V (professional skill)	企業全体の経営管理責任者（経営戦略）
	8 局長格	↕ 部長	IV (advance skill)	業務管理責任者やスタッフ専門職集団の責任者業務
	7 部長格			
指導監督機能	6 副部長格	↕ 課長	III (upper skill)	管理・監督・専門・専能職としてチームをリードする課題遂行の責任者業務
	5 課長格	↕ 係長	II (middle skill)	高度の熟練や専門知識によって判断業務を遂行する裁量的な仕事（熟練，判断，指導業務の遂行）
	4 係長格			
一般機能	3		I (beginner skill)	指示された仕事を忠実に実行する定型的・補佐的な仕事および担当者として自己の判断と責任を要する仕事（含む定型・熟練業務）
	2			
	1			

すべきかは企業ニーズも考えて決めなければならない。ただ言えることは，能力主義賃金は能力開発賃金であるので，社員の平均年齢がまだ若いうちにはそれなりの効力を発揮する。しかし，シニア社員には，能力開発賃金をメインにした賃金の再構築適用は似合わないはずである。シニア社員の年齢，役割を考えたとき，開発した能力を活用する年代であり，優れた成果に報いる賃金であるべきである。

賃金体系の選択には各種あるが，職能給を適用するにしても習熟昇給の定昇は廃止し，昇格昇給に原資を上乗せしてアップダウンで対応する方法もある。形は能力主義賃金であっても，中身はまさに日本型成果（実力）主義賃金である。成果主義賃金の類型については後章で詳しく述べることにする。

２）　シニア社員の人事・賃金処遇の考え方

①　人間基準賃金と仕事基準賃金

　これからの賃金は，人間基準賃金と仕事基準賃金の融合した賃金である役割給の適用が望ましい賃金と言われている（図表１-８）。

　賃金を考える２つの切り口のうちの１つ「人間基準賃金」とは，人を見て決める賃金のことである。その中身は人の能力を評価する職能給，人の属性，学歴，年齢（勤年）などを評価する年功給，総合決定給がある。人材難のIT，AI産業のSE，または病院，施設の看護師，介護福祉士，ケアマネジャー，薬剤師などの職種は穏やかな職種別職能給が適している。

　２つ目の「仕事基準賃金」にはブルーカラーの職務給とホワイトカラーの職責給，役割給，業績給，成果給，年俸制と各種ある。中でも代表的な賃金に職務給がある。この職務給を適用する職種は社会的労働価値が明確なため，シニア社員だから賃金を下げるという理論は成り立たない。シニア社員の年齢になったからといって，画一的に賃金を下げると労務問題にも発展するので注意を要する。保育士，介護士，栄養士，調理師，運転手などの賃金は職務給の適用が適切と言える。

②　シニア社員の職業能力別の人事・賃金処遇のあり方

　完全習熟年齢を過ぎて何歳まで現役で活躍できるかは，本人の意思と努力，企業事情によっても変わるが，職業スキル別の人事・賃金処遇の概要を示せば図表１-９のとおりとなる。

▶図表1-8　これからのシニア社員の賃金体系選択のイメージ

職業スキルタイプ	人間基準賃金 能力主義 職能給	人間基準賃金 能力主義 職種給	仕事基準賃金 成果主義 職務給	仕事基準賃金 成果主義 職責給 役割給	仕事基準賃金 成果主義 業績給 年俸制etc
高度専門職 S.M	×	×	×	◎	◎
専任職 E.M	×	△	△	○	◎
実務職	△	○	◎	△	×

職能給：職務遂行能力の伸長に応じて支払う賃金。習熟昇給（定昇）と昇格昇給（臨時昇給）がある。原則として降給，降格なし。職能給を導入するためには賃金の柱となる職能資格等級制度を導入することが必要。

職種給：職種（技能度）熟練度の職務遂行能力の伸長に応じて支払う賃金。習熟昇給と昇格昇給がある。原則として降給，降格なし。職能資格等級制度の導入が必要。

職務給：職務の価値に対して支払う賃金。グレードの高い職務に就かない限り賃金は上がらない。職務給を導入するためには役割（実力）等級制度を導入することが必要。

職責給：職責の大小によって支払う賃金。仕事の守備範囲，困難度に対して支払う賃金。職責給を導入するためには役割（実力）等級制度を導入することが必要。

役割給：職責に加えて期初に設定した目標のチャレンジ度を乗じた役割の大きさにより支払う賃金。役割給を導入するためには役割（実力）等級制度の導入が必要。

業績給：業績＝役割のレベル×役割の達成度で支払う賃金。

年俸制：基本年俸と業績年俸の2つによって日本型年俸制度が確立している。
　　　　年俸制の一般的な体系は
　　　　基本年俸＝基準賃金｛（職能給＋諸手当）＋職責給or役割給｝×12ヶ月
　　　　業績年俸＝基準賃金｛（職能給＋諸手当）＋業績給｝×Xヶ月×業績考課係数（個人別，部・課別，企業全体）

▶図表1-9　シニア社員の職業スキルタイプと人事・賃金処遇のあり方

職業能力タイプ	人事・賃金処遇制度の概要
高度専門職 S.M	長期雇用型は年俸制，月給制（役割給，業績給，成果給）で処遇。専門業務は裁量労働制を導入。
専任職 E.M	原則としてプロジェクト業務が完結するまで70歳くらいまでの雇用チャンスはある。プロジェクト業務の更新によってはその後の雇用再延長もあり得る。年俸制，または月給制（役割給，業績給，成果給）で賃金処遇を行う。裁量労働制の導入もあるだろう。
実務職	原則として嘱託などの契約社員。地場の職種給または時給を適用する。ただし，正社員として採用または雇用が継続される者は役割給，業績給，成果給などの月給制が望ましい。

いずれの職業スキルタイプも日本型成果主義賃金を適用している。労使双方に負担のない賃金である。

シニア社員の処遇は能力か，成果か，どちらの賃金体系がベターかは企業ニーズによっても異なるが，加齢とともに能力と仕事のミスマッチが生じる者もおり，成果と賃金のリスクを考えれば日本型成果主義賃金の支払いが妥当と言えるだろう。

③ 適正人件費と適正労働分配率

企業側では，シニア社員を採用して有効活用し，適正な人件費目標を達成する必要がある。

それでは「適正人件費」はどう計算するのか。その計算式は，

　適正人件費＝現状付加価値×目標労働分配率　の公式で示すことができる。この適正人件費を理解するために，次の例題で説明することにする。

> **例題**
> 　現状の付加価値は10億円，人件費6億円，諸経費4億円，総資本10億円とする。
> 　このケースの場合，現状の労働分配率は6億円÷10億円＝60％となる。
> 　(労働分配率とは，「人件費／付加価値」の割合をいう)

すなわち，現状付加価値10億円－人件費6億円－諸経費4億円＝経常利益0円となり，適正人件費とはいえない。

それでは，いくらなら適正人件費といえるのであろうか，それは目標経常利益を具体的に設定しないと求められない。

例えば，現状の総資本10億円であるから，目標経常利益を10億円×5％＝5千万円とする。現状の付加価値と諸経費を変えないとすると目標経常利益は5千万円であるから，人件費6億円－目標経常利益5千万円＝5億5千万円が適正人件費となる。

したがって，適正労働分配率は5億5千万円÷現状付加価値10億円＝55％となる。

④　シニア社員の就労条件

　シニア社員の人事・賃金処遇制度は，産業，業種，業態，規模などにより必ずしも一様ではない。定年年齢到達時（60歳〜65歳）に能力，実力の再評価を行い，現役時と全く遜色がない能力，実力ありと認定された者は現役時の管理職ポストの付与や現役賃金体系の継続適用は可能であろう。

▶図表1-10　シニア社員の勤務態様と人事・賃金処遇のあり方

勤務 条件	フルタイム勤務	フルタイム勤務以外の勤務 （ハーフタイムなど）
勤務	所定時間勤務（裁量労働制，担当職務により在宅勤務あり）フレックスタイム制	所定労働時間適用外
賃金・賞与	・洗い替えによる賃金表を適用 　（複数賃率表の適用など） ・業績反映賞与	・業績給 ・業績賞与
社会保険	適用	なし

　以上，シニア社員の職業スキルタイプ別，人事・賃金処遇のあり方を示した。どの道を行くのか，今から力を蓄え，進む道を決めるのはシニア社員自身である。

3）　シニア社員の役割評価のあり方

①　シンプルな役割評価の進め方

　専門職，専任職，実務職などの役割業務に従事するシニア社員の賃金処遇の決定に当たっては，まずそれぞれが持つ役割の評価が必要である。役割とは何かを分かりやすく言えば，通常，部・課長と呼ばれる管理職になると役割（権限と責任）を持つ。シニア社員も同様で，先輩として後輩を指導する役割はあるはずである。一般的に管理職の役割とは，部門統括，部下掌握育成，業務推進，企画開発，上司補佐業務の5つに集約される。シニア社員の役割は，管理者の部門統括の役割を除いた後輩の指導育成，業務の推進，企画開発，上司補佐業務の4つとなる。

　その役割評価は三面から行われる。1つは，その役割はどのくらい大きいの

かという量的側面である。その2は，その役割業務はどのくらい難しい業務なのか，つまり役割の難易度を評価する質的側面である。その3は，その業務には，どの程度のチャレンジが含まれているのかというチャレンジ度の評価である。

この3つで役割の重さは評価されることになる。

量的側面はいわば役割の大きさであり，質的側面は役割の難しさであり，この両方をかけ合わせたものが，いわば役割の重さである。その役割の重さにどの程度チャレンジが含まれているかをかけ合わせたものが，役割の価値ということになる。

▶図表1-11　役割評価の項目

量的側面（X軸）	イ　責任と権限の広がりと高まり ・人的規模の大中小 ・物的規模の大中小 ・金銭的規模の大中小
質的側面（Y軸）	ロ　企業への貢献度の大中小 ハ　必要知識の難易度の大中小 ニ　心身の負担度の大中小
チャレンジ度（Z軸）	①　拡大チャレンジ ②　革新チャレンジ ③　創造チャレンジ

※欧米の成果主義賃金は職責の量的側面（X軸）×質的側面（Y軸）＝面積の大小で決まるが，日本型成果主義賃金（役割給）は量的側面×質的側面×チャレンジ目標係数＝立体面積の大小で決まる。したがって，上から与えられた職責は小であっても自ら付け加えるチャレンジ目標係数で役割を大にすることが可能である。

シニアになり管理職を離れて　X軸×Y軸＝役割の重さ　が小さくなったとしても，進んでより多くの仕事をしたいという意欲的なシニアもいる。すると，その役割の価値は，

　役割の価値＝（X軸×Y軸＝役割の重さ）×チャレンジ度（Z軸）　の公式によって求められ，その大きさは自らのチャレンジによってさらに大きくすることができる。

② 役割給の理論的な算定

次の例示は役割評価により賃金額の妥当性を検証した1例である。

役割評価合計点（役割価値）をもとに，現在の報酬の妥当性をチェックして

▶図表1-12 役割評価単価の算定（チャレンジなしとして計算）

氏名	役割評価 （X軸）	役割評価 （Y軸）	役割評価 合計点	現在の報酬	役割評価 1点単価
野原	8点	8点	16点	100万円	62,500円
竹内	5点	4点	9点	90万円	100,000円
河野	6点	6点	12点	80万円	66,666円
鈴木	4点	3点	7点	70万円	100,000円
計	23点	21点	44点	340万円	平均1点単価 77,270円

みた。図表1-12を見ると，人により役割評価単価に相当なばらつきがあるのが分かる。これでは不公平なので，同じ平均単価点77,270円を使用して計算し直すと次の図表1-13のようになる。役割を持つ管理職，シニア社員の賃金決定に当たっては，役割評価をしっかりと実施し算定することが大切である。

▶図表1-13 役割価値による報酬額

順位	氏名	役割評価点計	報酬額
1	野原	16点	1,236,320円
2	河野	12点	927,240円
3	竹内	9点	695,430円
4	鈴木	7点	540,890円

5 シニア社員の活躍推進の取組み

　役職定年や再雇用者の役割の縮小を可能な限り抑えるため，定年前の早い段階からキャリア意識の改革について企業としてできる支援を行い，将来の変化に対応できるよう本人の自覚を促す企業の社会的援助策が必要である。
　現在一部の大手企業では，ライフプランセミナーなどで残された職業生活，これからの老後生活や健康問題，またマネープランなどの諸問題の対処方法などについて，より良い生活や生き方ができるようにアドバイス研修を行ってい

るところがある。

　継続雇用に向けた準備段階の年齢は，接続期に当たる55歳から59歳であるが，60歳以降のキャリア活用を考えると，自立的キャリア形成の努力は遅くても45歳から50歳時にはスタートして，自立できる専門性を身につけておかなければ間に合わない計算になる。各企業のキャリアプラン研修の事例を見ると，55歳に到達した社員を対象に，自社の継続雇用制度や社外転進支援制度等に関する支援制度周知のほか，今までの自分を振り返り，望ましい将来のあり方，生き方，働き方を考えさせる内容が多い。

　なかでも重要なのは，接続期に当たる年齢でキャリアの棚卸しを行い，これまでに培ってきた能力・スキルを振り返り，これからの高齢期に会社にどのような貢献ができるのかを考えてコミットすることである。

　会社としても収集した情報をもとに，シニア社員の能力を最大限に引き出すべく面接で納得と合意のうえ，やりがいと生きがいのある職務を再設計し職務配分をすることが望ましい姿である。

1）　シニア社員の職業スキル再評価制度

　継続雇用接続期に到達したシニア社員の再雇用時のキャリア棚卸しの面接の進め方とシニア社員の能力の再評価の進め方について，参考までにその実例を紹介する。

K社の規定例

（目的）
第1条　本制度は60歳に到達した社員の継続雇用者また65歳以上者の生涯現役勤務希望者の安定した職業生活の実現を図ることを目的とする。

（対象者）
第2条　本制度は原則として60歳以上継続雇用者または65歳以上者の生涯現役勤務希望（含60歳以上の中途採用者）を対象とする。

（職務変更・継続雇用）

第3条　加齢に伴う職務遂行能力の低下や体力の衰えなどにより，現職の継続に支障が生じ，本人から申し出があった場合，または人事考課結果に問題があると企業が評価した社員については，本人・所属長・人事部長の三者面談を実施し「職業適性審査結果」をもとに職務の守備範囲の見直し，また責任の軽い仕事および肉体的負担の少ない仕事または視力を必要としない仕事などに配置換えを行う。

　2　これら職務変更・継続雇用時には本人の能力，適性について「職業適性審査結果」など客観的データに基づき話合い，本人の納得と合意のうえ，配置転換を行うものとする。

　　　なお，職務変更・継続雇用者の身分契約は原則として嘱託社員または契約社員とするが，嘱託社員か契約社員かの選択は本人の希望申請による。

　3　60歳到達時，職務遂行能力や人事考課結果に特に問題がない社員については，本人の希望申請がない限り原則として現職継続勤務者とし，身分は嘱託社員として再雇用をする。

　4　嘱託社員の職務分類は別に定める「職業スキルタイプに応じた職務分類」に基づき職業スキルタイプの審査を行う。

　5　60歳以上の中途採用候補者については当規定により「職業適性審査」を行い，かつ「職業スキルタイプに応じた職務分類」に基づき職業スキルタイプの審査を行う。なお，採用合格者については，嘱託社員，契約社員またはパート社員のいずれかの身分で採用する。

（パート社員再雇用の労働条件）

第4条　パート社員雇用者の出勤日・勤務時間，賃金等の労働条件の明細については，別に定める規定による。

（再雇用者のリフレッシュ休暇の付与）

第5条　60歳以上の継続雇用者については60歳到達時に心身のリフレッ

シュのため，継続雇用時から10日間の特別有給休暇を与える。
（職業適性審査の実施）
第6条　60歳以上，継続雇用者については原則として2年経過時の2月に別に定める「職業適性審査」を実施し，職業能力の再評価を行う。なお，65歳以上の生涯現役希望者についても，65歳到達時に60歳以上の継続雇用者と同様に「職業適性審査」を実施し，「職業スキルタイプに応じた職務分類」に基づき職業スキルタイプの審査を行う。

　　　　ただし，課長以上の役職にある者については適性審査の対象とはしない。
　　2　適性審査の結果，合格点がもらえなかった者については，本人・所属長・人事部長の三者面談を行い，第3条に定める進路選択を行う。
（職業適性における判定）
第7条　第3条の規定による職業能力の評価は次の通りとする。
　　　①職務遂行能力の判定
　　　　　現在の格付け等級の職能要件書に記載されている知識と技能を保有しているか否かを評価する。
　　　②潜在能力
　　　　（イ）体力…文部科学省方式の換算年齢，体力の総合的・科学的評価を行う。
　　　　（ロ）気力…課題テストなどにより，未知の事項への挑戦意欲の評価を行う。
　　　　（ハ）事故歴…自動車事故，ケアレスミス，報告漏れなど職務遂行上許されないミスの事実を評価。
　　　③帰属意識
　　　　　社内行事への参加度，並びに若手社員との人間関係や仕事姿勢など会社への帰属意識を評価する。

2） 各企業におけるシニア社員活躍の場の拡大

　人手不足の折,シニア社員の活躍の場を広げ,働く意欲の向上を図るべく高齢者の活用策が大手企業をはじめとして各企業で広がっている。

　また,仕事や役割・組織貢献度に応じた処遇制度の改定を進めるとともに役職定年制や選択定年制の導入など総額人件費管理の動きがある一方で,その逆にシニア社員のモチベーションの低下を心配して役職定年制度や賃金調整を取りやめる企業もでてきている。

▶図表1-14　高齢社員の意欲の維持,向上策

企業名	高齢者活躍の場の拡大
野村証券	営業専門職の新設,同職種の65歳までの定年延長
高島屋	働き方に応じた6つの再雇用コースの整備
明治安田生命保険	プロフェッショナル職制制度の整備による複線型キャリアコースの設定
東京ガス	再雇用社員の期待役割と業務範囲の見直し
清水建設	再雇用によるベテラン技術者の活用
綜合警備保障	再雇用会社（ALSOKイーグルス）の成立

出所:『賃金事情』No.2722, 2016年7月20日, 13ページ。

　以上,各社のシニア社員の活用推進と処遇制度の改定状況を見てきたが,シニア社員の引退の問題にも触れておかなければならない。企業はシニア社員をいつまで雇用をするのかの問題である。

　純粋に能力・成果主義の考え方に立てば,能力や実力がある限り年齢に関係なく雇用契約は継続すべきであろう。しかし,一般論から言えば,能力は職務遂行能力（専門知識・技術etc.）ばかりだけではなく,加齢による体力の衰えもある。企業としては人材活躍モデルをコース別にデザインしておくことが必要である。

　60歳定年後の仕事が定年前と継続した仕事であれば戸惑いもないが,多くは役職定年で役職が解かれ,また組織の都合で慣れた職場や仕事が変わる場合も少なくない。シニアのキャリア活用を真に考えるのであれば,本人の希望と適

▶図表1-15　シニア社員の処遇制度改定の動き

企業名	処遇制度の改定内容
明治安田生命保険	57歳時点での処遇一律カット（2015年4月に廃止）。
日本電信電話	65歳までの処遇体系の再構築。（2012年11月）。
旭化成	3つの職務，4つの地域，計12区分で再雇用者の処遇を実現。
東レ	能力や経験による5つの区分で管理・専門職を再雇用。
王子ホールディングス	企業が期待する仕事内容により3つの再雇用区分で処遇。（2016年4月より実施）
花王	シニアパートナー（再雇用者）の業績考課の実施（2013年より）
大和ハウス	65歳定年制（2013年より），保有能力，発揮能力，業績，実績に応じた処遇制度を導入。
IHI	選択定年制の導入（2013年より）

出所：『賃金事情』No.2722, 2016年7月20日, 13ページ。

▶図表1-16　選択定年制の事例

目的	労働契約の終了を本人の自主的な意思によって選択させる
対象者	高齢雇用者（60歳以上者）
退職金の支払い	選択した定年時に支払い
勤務形態	①常勤シニア社員…常勤社員と同じ勤務形態 ②特別シニア社員…常勤社員と異なる勤務形態 ③個別契約シニア社員…個別契約による勤務形態
異動・出向	常勤・特別シニア社員については異動・出向とも制限なし 個別契約シニア社員については原則として命じない
役職の登用	原則として部下を持つ役職者には登用発令はしない 特別シニア社員については専門職または専任職に任命することがある
賃金	雇用形態別に定める
評価	業績考課を実施

性により55歳くらいまでには，これからの進路方向をある程度示唆しておくことが必要と思われる。

　一方，60歳以上のシニア社員に人事考課を実施している企業は約半数であり，残りの企業ではキャリアの活用は不十分の様子が伺える。シニア社員にとって一番大切なのは，自分の職業生活の引退は自分で決めることができることである。

それでは，選択定年制の導入やシニア社員の人事処遇制度はどのように構築したらよいのか，あるべきモデルを考えてみよう。

3） シニア社員の人事処遇制度規定

参考までに，M社の規定例示を次に掲載する。

（目的及び適用）

第1条　この規定は定年退職者及び60歳以上の高齢者の専門的知識，技術，技能を有効活用するため高齢者の雇用を図り，高齢者の働きがい，生きがい，経済的安定に寄与することを目的とする。

　2　高齢雇用者の就業については，この規定に定めるほか就業規則及び契約社員就業規則による。

　3　短時間勤務者として再雇用された者は別に定める「パートタイム社員就業規則」による。

（高齢雇用者の定義）

第2条　高齢雇用者とは，定年退職する社員のうち本人が引き続き継続勤務を希望した再雇用者，また新規に求職を希望し会社が雇用を認めた中途採用者を言う。

　　なお，継続勤務を希望する再雇用者とは60歳以上者（以下，シニア社員という）を言い次の要件を満たす者を採用候補者とする。

　①60歳に達する定年退職者で引き続き継続勤務を希望する者。ただし，65歳以上の生涯現役勤務希望者については直近3年間の人事考課が平均以下の評価を受けた者でないこと。

　②過去に減給以上の懲戒処分を受けた者でないこと。

　③就労を不適当とする産業医の所見が出ていない者。

　④65歳以上の中途採用者については別に定める規定による。

（雇用の手続き）

第3条　雇用の手続きは次による。

①再雇用者については定年退職日の3ヶ月前に所属長は再雇用に関する労働条件等について本人の希望を聴取する。しかし，この意向聴取は再雇用を保証するものではない。
②所属長は前条の要件を踏まえて人事部長と再雇用の可否を協議調整のうえ，必要あると認める場合は人事部長は稟議決済など再雇用の必要手続きを行う。
③再雇用可否の決定内容については人事部門から所属長宛に通知する。
④再雇用者については労働条件明細書を交付する。
⑤65歳以上の中途採用者については別に定める規定による。

（高齢雇用者の雇用形態と名称）
第4条　高齢雇用者の雇用形態は60歳以上の高齢者に適用し，名称は次の通りとする。
　①常勤シニア社員
　　常勤社員と同じ勤務形態で経験・スキルを活かした従来の職種業務を継続する者。
　②特別シニア社員
　　常勤社員と異なる勤務形態で経験・スキルを活かし，専任・専門業務またはアドバイス業務に従事する者。
　③個別契約シニア社員
　　前各号に該当しない極めて高度な専門知識，技術，技能を持ちプロフェッショナルな個別契約業務に従事する者。

（高齢雇用者の契約期間）
第5条　常勤シニア社員，特別シニア社員，個別契約シニア社員は期間を定めて雇用契約を行う。
　2　雇用契約期間は原則1年間とし本人の希望及び業務の必要に応じて更新する。但し，極めて高度な専門業務に従事する者など会社が特に必要と認めた場合は，3年または，5年間の期間

を定めて雇用契約ができるものとする。

　　　　契約期間を更新するときは，年度の途中で雇用された者を含めて毎年4月1日付けで行う。

（勤務場所及び担当業務）

第6条　シニア社員の勤務場所及び担当業務は原則として従来の勤務場所で同一職種業務を継続することとする。

　　2　業務上必要がある場合は従来業務とは異なる勤務場所，職種，職務へ異動させることがある。この場合，特別な事情がない限り命令を拒否できない。

（役職発令の特例）

第7条　シニア社員については原則として役職登用の発令はしない。但し会社が必要と認めた特別シニア社員については役職登用を命ずることがある。

（服務規律）

第8条　服務規律は特に定めのない限り常勤社員の就業規則による。

（休職）

第9条　シニア社員には原則として休職は命じない。但し，会社が必要と認めた場合は休職の規定に準じた取り扱いをすることがある。

（休暇）

第10条　シニア社員のうち，常勤シニア社員，特別シニア社員には別に定める特別休暇を付与する。

（退職）

第11条　シニア社員の退職は次の通りとする。

　　　　①雇用契約期間が満了し，契約更新をしないとき

　　　　②選択定年制度により本人が退職願を提出したとき

　　　　③本人が死亡したとき

（契約途中の解約）

第12条　シニア社員が次の各号の1に該当するときは解雇とする。

> ①事業の縮小その他事業の運営上，やむを得ない事情により即時解雇する場合は労働基準法により1か月分の予告手当を支払う。
> ②精神，身体の障害により業務に耐えられないと認められる場合。
> ③勤務能率または能力が著しく劣るとき
> ④業務上の指示に従わないとき
> ⑤私傷病などによる欠勤が30日に及んだとき
> ⑥通勤災害などによる事故欠勤が30日に及んだとき
> ⑦正当な理由がなく無断欠勤が引き続き14日以上に及んだとき。
> ⑧傷病以外の理由で引き続き30日以上欠勤したとき。
> ⑨懲戒により解雇とされたとき
> ⑩死亡したとき
> ⑪その他，各号に準じる理由があったとき
>
> （シニア社員の賃金の決め方）
> 第13条　シニア社員の賃金は別に定める規定による。

■注
1) 川本裕子「日本の職場変えられるか」『日本経済新聞』2017年2月12日，朝刊。
2) 「転勤ない人事制度も必要」『日本経済新聞』2017年2月14日，朝刊。
3) 内閣府「平成28年版高齢社会白書（全体版）」http://www8.cao.go.jp/kourei/whitepaper/w-2016/html/zenbun/s1_2_5.html（2017年5月4日確認）
4) 厚生労働省「一般職業紹介状況（平成29年4月分）について」https://www.mhlw.go.jp/stf/houdou/0000165707.html（2017年6月15日確認）．
5) 総務省『情報通信白書 平成26年版』http://www.soumu.go.jp/johotsusintokei/whitepaper/ja/h26/html/nc141210.html（2018年11月16日確認）
6) 「非正規格差訴訟で最高裁判決」『日本経済新聞』，2018年6月2日朝刊。
7) 厚生労働省「「労働基準法等の一部を改正する法律案」について」高度プロフェッショナル制度」の創設について https://www.mhlw.go.jp/file/05-Shingikai-12602000-Seisakutoukatsukan-Sanjikanshitsu_Roudouseisakutantou/0000176290.pdf
8) ブルーカラー（blue collar）とは広辞苑では，（青色の作業衣を着るからいう）筋肉労働者，現場で働く労働者，と訳されている。
　ホワイトカラーとブルーカラーの職種とはどのような職種を言うのか。厚生労働省，労働市場センター「中途採用者採用時賃金情報」職種分類「雇用保険被保険者資格取得届」の「職種」区分

では，専門的・技術的職業，事務的職業，販売の職業，サービスの職業，保安の職業，運輸・通信の職業，生産工程労務の職業，管理的職業の8種類に分類している。この中の管理的職業は明らかにホワイトカラー職であり，また生産工程労務の職業はすべてがブルーカラー職で，その他の職業ではホワイトカラー職とブルーカラー職種が混在して示されている。

9) キャリア・アンカーとは，エドガー・H. シャイン教授（組織心理学者）が提唱しているキャリア形成の概念であり，キャリアにおけるアンカー（錨＝不動点）を指している。個人が自らのキャリアを形成する際に最も大切で，他に譲ることのできない価値観や欲求のこと，また，周囲が変化しても，自己の内面で不動なものを言う。

第2章

賃金体系がある
大・中堅企業の賃金
～シニア社員の人事・賃金処遇制度の
あり方とその実務～

第2章では，すでに能力・成果主義人事制度を導入し職能給や役割給，業績給，年俸制などの人事・賃金の制度化を図っている大・中堅企業におけるシニア社員の活用の仕方とその処遇方法を述べている。また，人事・賃金処遇制度の見直しの仕方と再構築の方法を述べ，自社でメンテナンスができるよう事例で説明し，実務に結びつける流れを解説している。

1 シニア社員の賃金の決め方

　シニア社員の能力，キャリアをどう活かし経営の力にするのか，またその働きに対してどのように賃金処遇をしたらよいのか，賃金の決め方をA社のシニア社員の賃金処遇規定の抜粋事例から考えてみよう。

1） シニア社員の雇用形態別評価による賃金の算定例

（目的）
第1条　シニア社員の賃金はシニア社員の区分により，経験・スキル・実績等を勘案して次により取り扱う。
（シニア社員の雇用形態別賃金）
第2条　シニア社員の賃金の算定は雇用形態別に次により定める。ただし，職種別，労働力の需給状況によっては政策賃金を講じることがある。
　①常勤シニア社員の賃金の算定
　ア　直近2年間の成績，業績考課がきわめて優秀であり，且つ情意考課も優れていると考課した社員の賃金算定は次による。
　　　60歳または65歳到達時点の基本給（職能給×100％＋職責給×100％）を継続支給する。なお，臨時給与については別に定める賞与規定により支給する。ただし，家族手当，住宅手当は支給しない。
　　　なお年齢起算日は60歳満年齢到達日の4月1日または10月1日付現在で確認する。以下，シニア社員の年齢の確認は雇用形態の如何に関わらず同様の取り扱いとする。
　イ　直近2年間の成績，業績考課が期待レベルであり且つ情意考課も期待レベルと考課した社員の賃金算定は次による。

60歳または65歳到達時点の基本給（職能給×100％＋職責給×70％）を支給する。なお，臨時給与については別に定める賞与規定により支給する。ただし，家族手当，住宅手当は支給しない。

ウ　直近2年間の成績，業績考課，情意考課で，期待レベル以下と考課した社員の賃金算定は次による。

　　役割業務の再評価を行い新たに基本給を算定する。

　　なお，臨時給与については別に定める賞与規定により支給する。ただし，家族手当，住宅手当は支給しない。

②特別シニア社員の賃金の算定

ア　直近2年間の成績，業績考課がきわめて優秀であり且つ情意考課も優れていると考課した社員の賃金算定は次による。

　　60歳または65歳到達時点の基本給（職能給×100％＋職責給×100％）×（対象労働日数÷1ヶ月の所定労働日数）分を支給する。

　　なお，臨時給与については別に定める賞与規定により支給する。ただし，家族手当，住宅手当は支給しない。

イ　直近2年間の成績，業績考課が期待レベルであり且つ情意考課も期待レベルと評価した社員の賃金算定は次による。

　　60歳または65歳到達時点の基本給（職能給×100％＋職責給×70％）×（対象労働日数÷1ヶ月の所定労働日数）分を支給する。

　　なお，臨時給与については別に定める賞与規定により支給する。ただし，家族手当，住宅手当は支給しない。

ウ　直近2年間の成績，業績考課，情意考課の考課が期待レベル以下と考課した社員の賃金算定は次による。

　　役割業務の再評価を行い新たに基本給を算定する。

　　ただし，臨時給与，家族手当，住宅手当は支給しない。

③個別契約シニア社員の賃金の算定

　　ア　直近2年間の業績考課がきわめて優秀であり且つ情意考課も優れていると考課した社員の賃金算定は次による。

　　　60歳または65歳到達時点の基本給（職能給×100％＋職責給×100％）を支給する。ただし，臨時給与，家族手当，住宅手当は支給しない。

　　　勤務態様については裁量労働とし，特に出退勤の制限はない。

　　イ　直近2年間の業績考課が期待レベルであり且つ情意考課も期待レベルと考課した社員の賃金算定は次による。

　　　60歳または65歳到達時点の基本給（職能給×100％＋職責給×70％）を支給する。ただし，臨時給与，家族手当，住宅手当は支給しない。

　　　勤務態様については裁量労働とし，特に出退勤の制限はない。

（年俸者の年俸額の取り扱い）

第3条　年俸規定を準用し，シニア社員の雇用形態別賃金を基に年俸額を計算する。

（退職金の取り扱い）

第4条　シニア社員には退職金は支給しない。再雇用継続勤務のシニア社員の退職金は60歳到達定年時の退職金額を退職時に支払うものとする。

　65歳までの高齢者の雇用確保が企業に義務づけられて以降，多くの企業は再雇用制度を選択したため，シニア社員の賃金は大幅に減額した。2017年9月，産労総合研究所の調査[1]によると「回答企業の94.5％が60歳定年制を導入」し，再雇用後の賃金は一律に定年時の一定率を減額するのが一般的な対応になっている。減額率を60歳代前半でみると36.0％である。また定年後再雇用者の賃金カーブは，定年年齢で42％も大きく下がる「一括カット」型である。

2） シニア社員の人材活用と賃金

　超高齢化社会，人手不足時代を迎えて，高齢者のキャリアを活用するためには人事・賃金制度の整備は不可避になっている。独立行政法人労働政策研究・研修機構（平成27年1月調査）によると「定年後の雇用継続における仕事の変化と賃金の変化について」賃金低下に納得している人が多いが，納得していない人もいるとしている。

　また，定年到達時の雇用継続の前後で，8割程度が職業（大分類）に変化はなかったとしている一方，仕事の内容については，責任の重さが変わったとする人が35.9％いるなど変わったとする人も多く，変わっていないとする人は約半数の50.3％となっている。

　賃金については，雇用継続前後で賃金が減少したとする人が8割程度を占め，減少したとする人の半数超が賃金減少幅は2～5割であったとしている。賃金が下がったことについて，「雇用が確保されるのだからやむを得ない」（48.5％）などと納得しているとする人も多いものの，「仕事がほとんど変わってないのに賃金が下がるのはおかしい」（30.2％）などと疑義を持つ人も60～64歳層を中心に少なくないとの調査結果になっている。

　職能給導入企業では人事異動が頻繁に行われ，人事異動はキャリア，能力開発の重要なファクターとなっている。人事異動をすることによって能力は拡大し，賃金（職能給）は高まっていくと捉えられているのである。

　職能給は職能資格制度をベースに能力開発を進め，その人材の成長を受けとめて賃金を高めるという，社員の成長を期待する人事賃金システムの側面を持っている。したがって，職能給は若い社員には最適な賃金である。

　しかし，シニア社員の賃金を考えるとき，能力開発賃金は適用できない。シニア社員はすでに完全習熟年齢に到達した人材であり，その人材活用の結果，成果に報いる賃金となれば成果給（プロセス成果，最終成果）が望ましい賃金と言うことになろう。

　また，シニア社員については65歳までは法的規制によって，本人が希望する限り企業は雇用義務を負う。しかし，55歳または60歳時をもって大方役職定年

になるのが一般的で，61歳時以降の多くのシニア社員は嘱託の身分となる。役職に就くとしても部下を持たない一匹狼で，高度な専門的知識や技術を持つ者は「専門職」，また深い職務経験と実績を持つ者は「専任職」などの処遇で役割を遂行するのが一般的である。しかし，仕事によっては例外的に部下を指導管理するプロジェクトリーダー業務に従事することもある。

　これらシニア社員の賃金は，歳だから皆一律に賃金を下げるという画一的な考え方では問題がある。人によって役割を持つ者，一般の単純定型業務に従事する者など仕事の難易度はさまざまであるからである。能力・成果主義賃金制度導入企業においては年齢を基準に画一的に賃金を下げるというのは理屈に合わない。

　また，昨今では定年前と同一労働を理由に賃金減額訴訟も目につくようになった。シニア社員の意欲を損なわないためにも，現役社員と同様の目線でシニア社員のキャリアと働きに見合った賃金支給のあり方を考えなければならない時期に来ている。

3）　高年齢雇用継続給付金と在職老齢年金

　東京都産業労働局の「2016年中小企業の賃金・退職金事情」（2016年7月31日調査）によると，再雇用者の賃金（調査産業計）は定年時と比較し，低下が90.4％，定年時と同一はわずか9.6％で，定年後の賃金は下がるのが一般的である。

　60歳以降の再雇用者の賃金決定に際して，「高年齢雇用継続給付金」と「在職老齢年金」との関係を考慮して決定している企業が多い模様だ。高年齢雇用継続給付金の支給条件は，定年時の賃金の75％未満であることであり，61％から75％未満では一定の計算式によって減額支給される。在職老齢年金も収入によって制限があり，一定額以上の報酬月額によって支給額が異なる。すなわち，厚生年金保険に加入しながら老齢厚生年金を受けるときは，基本月額と総報酬月額相当額に応じ，「28万円以下，以上」「46万以下，以上」の基準による計算式によって年金が支給停止（全部または一部）される場合がある。しかし，政府は人手不足への対応から，65歳を超えても健康な高齢者の働く意欲を削がな

いように年金の見直しを始めた。受給開始年齢を70歳まで伸ばせる今の仕組みから70歳超も選べるようにし，具体的な割増率を検討するという。働いて一定の収入がある高齢者の年金を減らす「在職老齢年金」も見直す方針という。ちなみに受給開始年齢を自発的に65歳超とすると給付月額は割り増しとなる。現行制度の場合1年遅らせると8.4％アップし，5年遅らせると42％もアップするという（社会保障審議会，厚労相の諮問機関）。詳細についてはネットで公開をしている「在職老齢年金の支給停止の仕組み（日本年金機構）を参照されたい。

企業側では賃金減額額を高年齢雇用継続給付金と在職老齢年金で補い，企業持ち出し分を調整している。シニア社員側では，在職老齢年金の受給額の企業への申告について不満を述べたり，反発する社員もおり，働く意欲やモチベーションの低下につながる恐れもあることに留意する必要がある。

しかし，シニア社員の中には年金がカットされないように働きたいという者が意外と多い。

年金カットの計算方法を見てみると，60歳から64歳までの基準では，年金（老齢厚生年金）の月額＋給与（賞与などを含めた総報酬月額相当額）＝28万円以下は減額なし（全額支給），28万円超の場合は細かい減額規定がある。一方，65歳以上のシニア社員の場合は，46万円以下は減額なし（全額支給），46万円超の場合は，（総報酬月額相当額＋年金月額－46万円）×1／2がカットされる。

年金調整をしながらの働き方は必ずしも悪いことではない。シニア社員の意思と適性を尊重し，生き生きと働いてもらうことは企業にとっても本人の健康管理にとっても良いことである。企業は計画的に人件費管理もできる。

65歳までの雇用が当たり前となるなか[2]今日，能力・成果主義を理由に，年齢を基準に賃金を一律に下げる理不尽さを指摘，反発する社員が増加している。

各社の現状対応は65歳定年延長また70歳雇用にむけた過渡的処置と考えられるが，今後，速やかにシニア社員の活躍や活用に向けた計画的な賃金体系の検討，見直し，再構築が必要なことは間違いない。

4） 勤務延長者と再雇用者の違い

　60歳までの正社員雇用から定年を経た後の再雇用は，シニア社員として一定の雇用期間を更新することによって，65歳または70歳あるいは生涯現役で働くという形態を制度化するのも，これからの新たな方策である。勤務形態のメニューを数パターン化し本人に選択させる方法がよい。

　シルバー社員の働く意識や意欲，また置かれた環境はさまざまである。健康であるうちは生涯働きたい，老々介護のため私はパートで働きたいなど，シルバー社員のいろいろなケースを想定しながら，再雇用や継続雇用など人材活用のパターン化を図り，そのパターン別に賃金制度と運用方法などを制度化しておくことが望ましい。

　まず，定年を迎えたシニア社員の雇用は勤務延長か，それとも再雇用を優先するのかを決めなければならない。そこで，勤務延長者と再雇用者の違いを確認しておこう。

　勤務延長者は，定年となっても退職させることなくそのまま在籍させることである。したがって，労働条件などは，余り大きく変えないで存続させることが多い。これに対して，再雇用者は定年時にいったん退職させ改めて再雇用するので，労働条件などが大きく変わることが多いのが一般的である。

　シニア社員の賃金設計の基本は，属人的な要素を排して役割や成果に基づく仕事基準である。長いキャリア形成で培った専門知識や熟練技術を活かせる能力者は，エキスパートとして活躍してもらうことを期待する。

　それら職務パターン別の資格要件を明確にして，併せて賃金表を作成する。正社員，再雇用または継続雇用，契約社員という身分上の違いがあるとしても，仕事の難易度レベルや量的にも同じ仕事をやっているのであれば，同一労働同一賃金を適用する。賃金の公平性，納得性は大事である。

　本人の意思と適性およびキャリアによるいくつかの働き方のコースを設計し，賃金は能力や実力に基づく仕事給を中心に制度化していくことが求められる。

5） シニアホワイトカラー・シニアブルーカラー社員の賃金

　役割給は，裁量性のある仕事に従事するホワイトカラーの管理職や研究，企画開発業務を担当するエキスパートを対象にした日本型成果主義賃金である。

　役割給の構成を見ると，能力主義の「職能給」をベースに，穏やかに成果主義の仕事と関連づけられている。果たして役割給はシニア社員にベストな賃金なのだろうか。

　シニア社員は豊富な職務経験を身につけて60歳定年という節目を迎えるが，定年と同時に企画立案能力や専門知識が劣化するわけではない。この蓄積能力や実務能力を使わない手はないが，なかには習熟能力（経験）もそのときの一過性の出来事としてやり過ごしてきた蓄積能力がない人もいる。

　したがって，実力（今使える力）の再評価が必要である。再評価するタイミングは55歳，または60歳というシニア社員に接続する年齢時となろう。その実力再評価に基づいて，シニア社員の役割等級の格付けと役割業務の割つけを行う。役割業務が決まれば必然的に役割給が決まる。

　ホワイトカラー社員への役割給適用には次のいくつかの留意点がある。

　まず，役割給のベースになる基本的役割の確認である。固有の職責評価が必要であり，職責の価値を明確にしなければならない。役割は組織から与えられるもので，同じ会社の部・課長の職位が同じであっても，総務，経理，人事，企画，営業，生産，研究，開発等，職責の質と量を分析すると，その難易度と役割の大きさは皆同じではない。

　しかし，基本的役割すなわち職責は低いが，自らチャレンジをすることで，役割を自分の力で大きくすることもできる。役割の大小とは職責に各人の目標チャレンジ係数を乗じたものである。すなわち，基本的役割と本人自らが付け加えた付加的役割との総合価値によって決まる賃金を役割給と言っている。

　役割給の構成は，基本的役割の職責給がまずあり，その上に自分で付加的役割を付け加えることにより役割給はさらに大きな役割給となる。そうして，大きくなった役割目標（職責目標＋付加的役割目標）の達成度を評価した賃金を業績給と呼んでいる。この業績給を年俸で支払うと業績年俸となるが，業績

100％の年俸にするか，それとも40％程度とするかによって年俸の性格も変わってくる。

　役割給，業績給，年俸制の賃金体系は現役社員と同じとし，業績のウエイトを変えることによって対応する方法もある。この方法は，現在のシニア社員の現役時代に多く適用されていた賃金体系であり，違和感なく導入できる。

　一方，ブルーカラーの仕事は手順が定まった仕事の繰り返しであり，これをルーチンワークと言うが，決まった手順通りに仕事をやることが大切で，職務拡大や明日の仕事にチャレンジする業績給はブルーカラーの職務上不適である。このような，ある特定の定型業務に従事するブルーカラー社員は，ベテラン社員としての職務の価値で賃金が決まる職務給が適用される。その賃金体系は加齢や熟練により，若年，中高年，シニアと順次高まる賃金ではなく，仕事の価値に基づいて決定され，かつ外部労働市場にも大きく影響される。

　また，職務給は仕事そのものの価値であるため，定昇がないのが原則である。定昇を残すとすると，それは企業の事情によるものであり，経験給程度の定昇となる。シニアになっても年齢には関係なく，外部労働市場の相場（職務の価値）で賃金が決まる。職務給を導入するためには職務分析を行い職務を標準化し，当該社員の職務を評価してその職務に値段をつけるというステップを踏む。

　このように，シニア社員の賃金体系は仕事給（ホワイトカラーは職能給＋役割給，ブルーカラーは職務給）が適切だが，各人の賃金算定は現役時代にその人が歩いた賃金カーブを踏襲し，その延長線上でその人の65歳，70歳の賃金額を考えるのが最もスムーズな方法である。あるいは全く新しくシニアの賃金体系を構築する方法もあるが，それはそれぞれの企業のニーズと政策による。

2 ｜ 職責給・役割給・業績給・成果給の導入

　若年層の年代では，より多くの仕事を経験させることが後のキャリア形成に有効である。そのためには，人間基準の賃金である職能給に年齢給をプラスす

るのが理にかなっている。しかし、完全習熟に達した中高年ともなると、もはや能力開発賃金がベターとは言えない。人材が育つまでは企業責任の能力開発賃金を適用し、人材が育った後は自己責任の仕事給を適用する。経営はいつまでも人材育成に関わっているわけにはいかない。成果を獲得できなければ企業は存続ができないからである。

したがって、シニア社員の賃金は、これまで述べたように役割給を展開した業績給、成果給の導入が望ましい。役割給を導入するには、まず、能力主義に基づく職能給と年齢給の賃金を導入し、その上に能力主義と成果主義の調和を保つ役割等級制度（実力等級制度とも言う）のツーラダーシステムを導入する。ある一定年齢で年齢給の原資を職責給（役割給）に名称を変える。年齢給の定昇を凍結するためである。

図表2-1は、能力主義（職能給）から能力・成果主義（役割給・業績給・成果給）へ賃金の発展段階を示した一般的なモデルである。キャリア形成や習熟度の変化によって賃金も発展、変化していくことを表している。

▶図表2-1　ホワイトカラーの賃金の発展モデル

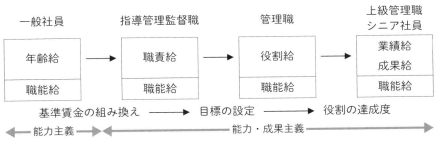

シニア社員のモデル基本給は図表2-1のとおり、業績給または成果給プラス職能給の構成とするのが望ましい賃金と言える。すなわち、能力・成果主義賃金の選択である。

役割給のもとになる職責は組織から与えられる。その職責の価値は仕事の質×量で決まる。仕事の価値には大小がある。しかし先述のように、職責の価値は小であっても、自分で新たなチャレンジを付け加えることによって職責は大

となる。役割は職責の価値とチャレンジ目標（係数）の2つをもって構成されている。大切なのは役割の達成度である。

　従来，わが国では仕事（職務）の概念は脆弱であったが，IoT，AI，ITなど高度情報化技術の進展や経済のグローバル化によって，賃金制度の大勢は年齢給→職責給→役割給→業績給へと各社とも成果主義賃金が主流になってきている。

　この成果主義賃金とはホワイトカラーを中心にした賃金である。ホワイトカラーの職務は職務範囲が曖昧である。経営側から見ると，職務守備範囲を限定化することは必ずしも良いことではない。ホワイトカラーの職務は常に流動的であるので，職責や職務評価が難しい。職務範囲を曖昧にして，できる人には大きな職責を与えるという柔軟さが，日本経営の人材活用の特質でもある。しかし，企業成果を確実に獲得するには，組織における全職責ランクを明確にしておくことが必要がある。職責の大きさは，同一職階でも職種によって皆異なる。正式には，職種別に職責評価を実施しなければ，職責の本当の価値は判断ができない。

3 ｜ シニアホワイトカラー社員の賃金体系の再構築

1）　賃金体系の組立て

　それでは，シニアホワイトカラー社員の賃金設計とそのポイントを分かりやすく順を追って説明をしよう。まず，賃金体系の組立てを考えなければならない。すでに現役社員に能力主義に基づく職能給の賃金体系を導入している企業では，シニア社員にも例外なく職能給が適用されている。このシニア社員の賃金体系を，シニア社員のキャリア活用と活力を引き出しやすい体系に組み替える。その体系を例示すると次のようになる。

▶図表2-2　シニアホワイトカラーの賃金体系

基準内賃金	基本給	役割給（業績給・成果給）
		職能給
	諸手当（専任職，専門職）	役付手当・管理職手当

　能力主義の賃金体系は，大きく生活保障（世帯形成）の原則（年齢給）と労働対価（キャリア形成）の原則（職能給）の2つである。職能給は，年齢給をベースに職能給の習熟昇給と昇格臨時昇給で構成されている。しかし，シニア社員クラスの年齢となると世帯形成も終わり，また仕事も完全習熟に達していることを考えれば，年齢給は定昇なしの役割給（業績給・成果給）に名称を変え，職能給は1つの等級にシングールレート（単一賃率），もしくは多くても3つ程度の賃金設定とする。したがって，シニア社員の基本給は，職能給プラス昇格をしなければ昇給なしといった役割・成果給とするのがよい。

　仮に職能給をレンジレートにすると，1つの等級内に初号賃金と上限賃金の範囲給が決められる。等級ごとの範囲給の中で能力考課を行い，その能力の伸びに応じて昇給をしていく仕組みがつくられる。言うまでもなく，これらの賃金はシニア社員には適用できない。

　また，諸手当の支給についても，子育てが終わり，また生計費のピーク点である48～55歳の年齢も過ぎていることから家族手当，住宅手当も不要である。しかし，ベテランとして余人に代えがたい深い業務知識や技能，または極めて高度な専門知識，技術を持つ者には専任職，専門職としてその能力や専門性の実力を遺憾なく発揮してもらうチャンスも数多くあることから，役付手当，管理職手当の支給は必要である。

2）役割給（職責給）のつくり方

　能力主義の賃金体系を導入している企業では，シニア社員の賃金体系の再構築もスムーズに行うことができるはずである。年齢給はある一定年齢で職責給に名称を変更し，定昇なしとする。賃金論では40歳の完全習熟年齢に達すれば，また若くても管理職に昇進すれば，定昇なしで成果によって額が上下する可変

性のある賃金に衣替えする。

　図表2-3は，41歳時に職責給に切り替えるA社（社員数500名）の年齢給表である。

　A社の40歳の年齢給は164,600円である。この金額を170,000円と括り，図表2-4の「一般職クラスの職責給表」のⅢ-Bにセットする。

　次に「職責給の設定表」の「量的側面X軸，質的側面Y軸表」の職責の重み

▶図表2-3　A社の年齢給表

(単位：円)

年齢	ピッチ	年齢給
18		144,800
19	1,100	145,900
20	1,100	147,000
21	1,100	148,100
22	1,100	149,200
23	1,050	150,250
24	1,050	151,300
25	1,050	152,350
26	1,050	153,400
27	1,050	154,450
28	1,050	155,500
29	1,050	156,550
30	1,050	157,600
31	700	158,300
32	700	159,000
33	700	159,700
34	700	160,400
35	700	161,100
36	700	161,800
37	700	162,500
38	700	163,200
39	700	163,900
40	700	164,600

（倍数＝ウエイトづけ表）に従って倍数を乗算し，B系列の各職責グレード別の職責給を計算しB系列を完成する。

B系列の職責給の計算できたら，このB系列の職責給をベースにして，A系列，C系列のそれぞれの職責グレード別の職責給を計算する。計算方法は「職責給の設定表」に従って「Ⅲ－B」の「係数1.0」に設定した170,000円をA系列，B

▶図表2-4　A社の職責給の設定表

量的側面X軸，質的側面Y軸表（倍）

Y＼X	A	B	C
Ⅴ	1.3	1.2	1.1
Ⅳ	1.2	1.1	1.0
Ⅲ	1.1	1.0	0.95
Ⅱ	1.0	0.95	0.9
Ⅰ	0.95	0.9	0.85

一般職クラスの職責給表　（万円）

Y＼X	A	B	C
Ⅴ	22	21	19
Ⅳ	21	19	17
Ⅲ	19	17	16
Ⅱ	17	16	15
Ⅰ	16	15	14

係長クラスの職責給表　（万円）

Y＼X	A	B	C
Ⅴ	27	25	23
Ⅳ	25	23	21
Ⅲ	23	21	20
Ⅱ	21	20	19
Ⅰ	20	19	18

課長クラスの職責給表　（万円）

Y＼X	A	B	C
Ⅴ	33	30	28
Ⅳ	30	28	25
Ⅲ	28	25	24
Ⅱ	25	24	23
Ⅰ	24	23	21

次長クラスの職責給表　（万円）

Y＼X	A	B	C
Ⅴ	39	36	33
Ⅳ	36	33	30
Ⅲ	33	30	29
Ⅱ	30	29	27
Ⅰ	29	27	26

部長クラスの職責給表　（万円）

Y＼X	A	B	C
Ⅴ	47	43	40
Ⅳ	43	40	36
Ⅲ	40	36	34
Ⅱ	36	34	32
Ⅰ	32	32	30

注）B系列は管理者系統，A系列は専門職系統，C系列は専任職系統を示す。

系列の「係数1.0」の位置にそれぞれセットする。以下，「職責給の設定表」に従って倍数を乗算しそれぞれ計算をする。

　次に，役職職階別の職責給の作成は次の手順に従い計算をする。

　まず，係長クラスの職責給表の作成に当たっては一般職クラスの職責給表「Ⅴ－B」の210,000円を係長クラス「Ⅲ－B」にセットし，以下「職責給の設定表」に従いB系列を計算完成する。次に「職責給の設定表」の倍率を使いA系列，C系列と乗算して計算をする。係長クラスの職責給表が完成したら順次，課長，部長へと計算を進めていく。計算方法は係長クラスの職責給表作成の手順に準じ，B系列を固めてA系列，C系列と展開をしていく。

　A社の例では，基本給ピッチ4,500円，年齢給ピッチ900円，職能給ピッチ，昇格昇給1,500円，習熟昇給2,100円をベースに計算している。A社では，当初賃金ベースの引き上げ改善（基本給ピッチ7,000〜8,000の賃金水準アップ）を検討していたが，社員の意識改革，働き方の見直し，また生産性向上の目標達成には，なお，3年程度の時間が必要との経営判断により，賃金水準は維持し，まず職能給体系に役割（業績・成果）給をセットするツーラダー人事システムの導入を優先することにした。

　A社では複線型職群は導入せず，基本給ピッチは全社員同一で4,500円である。基本給ピッチは企業規模から見ると若干低めの感はあるが，能力主義と成果主義賃金をセットしたツーラダーシステムの格好のケースであるため，A社の賃金体系再構築の手順を追って，これからの賃金のあり方，シニア社員の賃金体系構築の進め方について解説することにしよう。

▶図表2-5　目安になる基本給ピッチ

規模	職群	基本給ピッチ
全産業1,000人以上	大卒・総合職（事務・技術系）	9,800円
	大卒・一般職（事務・技術系）	5,800円
	短卒・一般職（事務・技術系）	6,000円
	高卒・総合職（事務・技術系）	8,600円
	高卒・一般職（事務・技術系）	4,900円
	高卒・現業職	6,400円
全産業300～999人	大卒・総合職（事務・技術系）	8,800円
	大卒・一般職（事務・技術系）	4,500円
	短卒・一般職（事務・技術系）	4,500円
	高卒・総合職（事務・技術系）	6,800円
	高卒・一般職（事務・技術系）	4,200円
	高卒・現業系	4,700円
全産業299人以下	大卒・総合職（事務・技術系）	7,000円
	大卒・一般職（事務・技術系）	5,500円
	短卒・一般職（事務・技術系）	5,200円
	高卒・総合職（事務・技術系）	6,700円
	高卒・一般職（事務・技術系）	4,600円
	高卒・現業系	5,500円

出所：「2017年モデル賃金の内訳とばらつき」『賃金事情』No.2749，2017年10月20日のデータをもとに筆者が作成。

3）　シニア社員の賃金体系の再構築の仕方

　A社の賃金改善プロジェクトでは，まず，シニア社員の賃金は現役社員の延長線で考えるのか，それとも現役社員とは切り離して別に考えるのか，シニア社員には育成の論理はないので職能給の適用は不適ではないかなど，型どおりの議論が行なわれた。

　能力処遇者は一般社員と係長クラスである。しかし，これらの社員も40歳までは職能給と年齢給を適用するが，40歳の完全習熟年齢に到達すると年齢給は定昇なしの職責給に置き換え，チャレンジを呼び込む役割給，すなわち可変性豊かな成果主義による賃金として展開をする。一方，職能給は一般社員，係長クラスの該当資格等級の上限賃金でストップする範囲給を採用する。

課長クラス以上の管理職クラスは40歳という年齢に関係なく，管理職登用時には年齢給から職責給にスイッチし定昇はストップ。職責給は，図表2-4のように同一職階（一般職クラス，係長クラス，課長クラス，部長クラス）の中に系列別（B系列は管理者系統，A系列は専門職系統，C系列は専任職系統）に，それぞれ5本の上下のシングルレートで賃金額を設定する。

　また，職能給は定昇なしのシングールレートに変える。昇給は昇格（同一資格等級内の昇格昇給あり＝下，中，上の3本の号俸賃金）したときには昇格昇給額が加算され，直近上位の職能給号俸賃金にスイッチする。すなわち，年齢給，職能給は管理者登用時に役割給（日本型成果主義賃金）に組み替えることになる。

　ここで重要なのは職責給のグレードアップ・ダウン，また職能給の同一職能資格等級内の号俸賃金のグレードアップ・ダウンである。アップ・ダウンは一体どのように実施するのか，その基準の明確化が容易ではない。どのような役割業務を遂行すればよいのか，またどのような能力を身につければよいのか，その職能要件書と役割要件書の簡便な基準を作成しておくことが必要である。

　レベルの高い仕事をやれば賃金は上がり，レベルの低い仕事をやれば賃金は下がる。そればかりではなく，やった仕事の業績成果が問われる基準が必要である。

　このように仕事の価値＝成果主義の賃金体系であれば，労使ともに借り貸しのない，また負担のない賃金にすることができる。またシニア社員の採用もスムーズに進めることができるだろう。留意すべき点は60歳または65歳の継続雇用，再雇用時の役割（実力）評価が役割給を決めることになるため，職能評価と役割評価の基準（職能要件書と役割要件書）作成が必須となることである。

　このような人間基準と仕事基準の調和が日本型成果主義賃金である。

　以上のように一般社員，係長，管理職クラスの賃金体系を再構築，整備し，シニア社員も同じ賃金体系を踏襲する。

　例えば，60歳，65歳時の定年時に部長職にあり継続雇用または再雇用されたシニア社員の賃金は，現役部長時の基本給を参考に，これから担う役割業務の職責評価とチャレンジ目標の評価による役割の価値により決まる。

基本給の構成は現役社員と同じ 職責給＋職能給＝基本給 である。職能給は職能資格等級で格付けられる賃金であり，係長以下では卒業方式，課長以上の管理職では入学方式を採用する。したがって，卒業方式の係長以下のクラスでは下位等級に降格（減給）することはないが，入学方式の課長以上のクラスでは降格もありうるため，能力の陳腐化があれば職能給は減額になる。

　職能給は，能力の成長が目覚ましい40歳頃までは凸カーブを描く。しかし，完全習熟年齢（40歳）を過ぎた頃からフラットのカーブになり，その後下降線をたどるが，A社では昇格しない限り横ばいカーブ線を描く賃金設計にしている。

　したがって，能力と実力の再評価の時期が問題になるが，その機会は遅くとも定年前または定年時という節目にはやっておかなければならない。

　能力は，職能資格等級制度をベースにして再評価を行い再格付けを行う。その結果をもって職能給が決まる。実力は，役割（実力）等級制度をベースに役割・職務（仕事と成果）の再評価を行い，その結果をもって職責給が決まる。こうして課長以上の管理職クラスの基本給の構成は，職能資格等級制度による職能給と役割（実力）等級制度による職責給の２つをもって形成される。

　役割給は，シニア社員の賃金も，これら現役社員の賃金体系を踏襲する形で必然的に決まる。

　あえて，現役社員とシニア社員の違いを述べれば，
- 能力・実力の再評価を制度的に行う必要がある。
- 職能給の定昇（習熟昇給）を止める。ただし，昇格時に昇格昇給（臨時昇給）がある。同一職能資格等級内に３本（下，中，上）のシングルレートの職能給号俸賃金を作成セットする。下位資格等級から上位資格等級の（下）（中）（上）の号俸賃金に順次昇格する。このシングルレートの職能給号俸賃金も，職責給同様に業績・成果によって変動する可変性豊かな職能給として取り扱う。
- 職責給は役割給となり，役割給は役割業務の達成度を評価して業績給で支払う。すなわち職責給は，自らのチャレンジを付け加えることによって，やるべき目標が拡大し，その拡大を受けて役割給に名称を変える。
 職責給×チャレンジ目標係数＝役割給 となり，可変性豊かな賃金と

して取り扱う。

業績給は，

| 職責給×チャレンジ目標係数＝役割給×業績考課＝業績給 | の公式で算定する。

これがシニア社員のあるべき賃金と言える。

「高年齢雇用継続給付金」や「在職老齢年金」の活用は，企業ニーズにより決める問題である。

以上のように，シニア社員の活躍に対する期待度は，組織利益貢献度賃金で支払われる。

注目されている日本版ホワイトカラーエグゼンプションは労働基準法の適用除外とするもので，一部で残業代ゼロ円が強調され，法制化に当たり経営者の賛成，組合の反対など国民を巻き込んだ議論が展開された。

各社の賃金体系の見直し再構築では，役割給，業績給，成果給，年俸制の導入可否の検討が進んでいるが，欧米型の格差型の成果主義賃金導入には慎重論が多い。しかし，経営成果獲得のためにはキャリアを積んだ部課長，シニア社員には日本型成果主義賃金（役割給，業績給，成果給，年俸制）の適用の是非は言うまでもないことである。

しかし，一般社員や係長クラスで定年を迎えて，勤務延長や再雇用になったシニア社員の賃金は職責給を最低保証賃金とし，その上に可変性のある職能給を上乗せする一部変動型の賃金を導入する案も考えられる。これらは企業ニーズにより対応すべき問題と考えられる。

4） 役割給で職能給の弱点を補強

一般論だが，成果主義賃金の弱点は組織業績より個人業績に重点がおかれている点である。企業業績が低迷していても，自己の業績さえ良ければそれでよく，また短期業績重視になりやすく長期的経営展望に欠けると言われている。また，成果主義で優秀な人材を抜擢処遇すると，普通とかレベルが低いと評価された社員は諦めてしまい，努力をしなくなる傾向になるという。その結果，組織全体のモラールが落ちるという課題も指摘されている。

また，これまでも何度か触れたように，能力主義の弱点を補強するために職能給にプラスして役割給が導入されるが，これは両制度のメリットを融合させた能力と仕事の両立給であり，これからの日本の賃金の主流になる賃金である。このような，人間基準に仕事基準を融合させた形が日本型成果主義賃金であるが，ブルーカラー職務は裁量権が乏しい定型職務であり，仕事の価値がストレートに賃金に反映される。外部労働市場の相場に強い影響を受けるため，常に市場動向に注視することが大切である。

4　役割給と業績考課の関係

　さて，日本型成果主義賃金導入の一番の難問は，職責プラス役割目標を評価する業績考課の難しさである。その人が格付けされた役割（実力）等級に見合ったチャレンジ目標を上手く与えることができるか否か，評価要素の設定と職責評価基準の作成が，日本型成果主義賃金の成否を決めるからである。評価基準をどんなに理論的に作成しても考課者の評価能力の問題もある。
　業績考課は「飛べるだけ飛べ」のチャレンジを促す考課であるので，その適用対象者は裁量権が認められた上級管理職クラスに絞られる。したがって，役割給・業績給・成果給はチャレンジを引き出しその成果を褒め称える賃金であるので，裁量権を認められたある一定の職能資格，役割等級者が対象となる。
　すべての部門，職種にチャレンジ業務がどの程度あるかも問題になる。
　チャレンジ目標には定量的目標と定性的目標の２つがある。定量的目標とは数字を持つ部門，例えば営業とか研究，生産部門等において全社員がチャレンジできる目標である。スタッフ部門では一般的に定性的目標が主となる。またチャレンジ目標が少ない部門もある。このように役割給を動かすのにチャレンジ業務の多い部門と少ない部門があり，現実的にチャレンジの公平性を担保するのに難しい部門もある。
　また，同じ部門の中でもレベルの高いチャレンジ業務は，上級管理者が優先

的に取り上げて実施することになると，チャレンジの割当てに不公平感が生じる。チャレンジの機会均等をどう担保するかの問題1つを取り上げてみても，なかなか難しい問題が山積している。

　これら，いろいろと問題があっても役割給を定着させるためには，まず仕事と成果（チャレンジ大）にこだわる環境をつくることが必要である。そのためには，部門ごとに社員が一堂に会してのチャレンジ目標づくりや目標面接の場づくりは必要不可欠である。

　さて，これからの役割給の適用者は，職務を限定せず異分野業務にもチャレンジできる裁量権を持つ人である。そのためには若いうちからジョブローテーションやプロジェクト業務に積極的に参加し，視野を広げておくことは大変に大切である。このことは，役割給の構成 職能給＋職責給×チャレンジ目標係数 に見るように，役割給が欧米の仕事基準だけではなく，あくまでも人間基準をベースに仕事基準を融合させている賃金であることが日本型成果主義賃金の主たる特徴である。

1）目標面接制度

　部課長やシニア社員には役割給の導入が良いことを縷縷と述べてきたが，この賃金を導入するためには，目標面接を軸にして向こう6ヶ月から1年間の役割目標をしっかりと実施することがスタートになる。

　そして，6ヶ月間また1年経過時に役割目標の達成度を評価し，それを賃金（業績給），賞与（業績賞与）に結びつける。

　すなわち，役割給は，まず目標面接でチャレンジを引き出すことによって役割の大きさが決まり，その役割を評価することによって役割給の額が決まる。

　したがって，役割給の鍵を握るものは，役割目標を設定する目標面接と役割評価の2つである。すなわち，目標面接や役割評価がなければ役割給は成立しないことになる。

① 目標面接の実施

　それでは目標面接はどのように行うべきなのか考えてみよう。

　面接は目標面接制度（CBO＝C：Challenge&Create-Courageous，B：By,

O：Objectivesの略，楠田丘氏が提唱）で実施する。これに類似した制度に目標管理制度（MBO=M：Management, B：By, O：Objectives）がある。共にトップの経営方針を具現化する手段，方法ではあるが，CBOはボトムアップ方式，MBOはトップダウン方式である。

　CBOのボトムアップ方式では，目標の設定は上司と部下で膝を交えて十分話し合い，合意と納得のうえ決めるが，その目標達成の手段，方法についての裁量権は部下に委譲する。部下各人は方針を達成するために与えられた権限と責任の範囲内で，自発的に組織貢献度目標をつくって提案し，その目標を達成するためにさまざまな施策や手段を駆使し目標達成のために全力を尽くす。

　一方，MBOでは仕事の裁量権は上司にあり，上司が主役である。

　MBOとCBO面接の大きな違いは，CBOは部下が自ら付け加えたインセンティブのチャレンジ加点があるという点である。

②　チャレンジ目標の設定プロセス

　チャレンジは変化対応の行動である。そのチャレンジのスタートは，問題を見つけることから始まる。日常業務遂行上，業務が上手く流れない部分は何か，どこに問題があるのか，またこのままだと明日の業務に支障が生じる部分は何か，今から手を打っておかなければならない課題は何か，これらの諸課題の解決がチャレンジ目標になる。

①　問題点の発見（認知）とは，こうあるべき姿（状態）と実際の姿（状態）との間の是正すべきギャップの把握である。

②　複数の是正すべきギャップが生じている場合は，解決の順位づけを行うことが必要である。その優先順位づけは

● 時間的制約の度合い（緊急度）
● 重要度（影響の大きさ）
● 関連性（問題の連鎖の度合い）
● 潜在的問題の拡大性（拡大化傾向）

の順番で問題を分析する。これら，問題点の認知は，個人の問題意識や感覚によっても左右されるので，部員全員で十分な検討，分析を行うことが大切である。

③　問題点が発見されてもそれを目標化するためには問題点を掘り下げることが必要である。その問題はどこで起きているのか，その問題の対象は人か物か，それとも制度の問題なのかを特定しなければならない。さらに細かく場所的特徴を把握することが大切だ。

　　人の行動や能力それともシステムの問題なのか，問題を見つけた場所を明らかにする。「場所」の特定ができたら「時間的特徴」「質的・量的特徴」を見つけ出す。問題が認められた期間とその程度を把握する。

④　問題の再確認を行う。選び出した問題は本当に問題なのか，自己の固定観念や先入観や偏見，感情，経験による問題認識ではないか，冷静に部員全員で分析してみることが必要である。

⑤　煮詰めた問題は目標として設定する。目標は２つの視点で作成する。
　●絶対目標（must目標）
　●希望目標（want目標）

⑥　目標の設定ができたら，その目標を達成するための手段，方法を検討する。手段，方法等の具体案づくりは，部員・課員全員を巻き込んで「何をどんなやり方でやれば目標を達成できるのか」について，ブレーンストーミングで皆で新しい知恵を出しあう。

⑦　目標達成を現実のものにするための実行スケジュールを作成する。スケジュール化においては次のような５Ｗ１Ｈで明確にしていく。
　●いつ（When：時間的制約条件）
　●何処で（Where：場所の条件）
　●だれが（Who：担当責任者）
　●だれに（Whom：結果報告はだれに）
　●なにを（What：解決すべき目標）
　●どのように（How：目標達成の手段，方法）

以上，チャレンジ目標設定の成功には，周到な意図的，計画的準備が必要である。

③　**チャレンジ加点**

チャレンジにはリスクが伴う。したがって，そのリスクに対してリスク料を

支払う。これがチャレンジ加点である。

　主なチャレンジ項目と内容には次の3つがある。

　1つ目は，拡大チャレンジ…見える問題のチャレンジ

　2つ目は，革新チャレンジ…探す問題のチャレンジ

　3つ目は，創造チャレンジ…無から有を創る問題のチャレンジ

　このチャレンジが有効と判定された場合は，加点主義により100点満点の上に加点が上積みされる。その加点は係数を設けるが，その係数は企業ニーズの政策で決めることになる。

　例えば，拡大チャレンジが有効と判定された場合は1.02，革新チャレンジが有効と判定された場合は1.05，創造チャレンジが有効と判定された場合は1.08，各々3つのチャレンジが有効と判定されれば1.02×1.05×1.08＝1.15668の係数が職責給に乗算され役割給となるので，チャレンジをすれば断然有利な賃金となる。チャレンジ価値のウエイト付けは，各企業のニーズにより当然に変わる。このように，当初，上から与えられた役割は小さくとも自らチャレンジを付け加えることによって大きくなる。

　役割の大きさを確定後，6ヶ月，または1年経過時点で役割の達成度を評価

▶図表2-6　主なチャレンジ項目とその内容

チャレンジ項目	定義	内容（例示）
拡大チャレンジ	今，ただちに現状をプロモートしなければならない問題解決のチャレンジ	売上拡大，新規開拓件数の向上，利益改善率，歩留率の向上，ミスの減少，ムダの削除，材料費の節減，納期短縮など
革新チャレンジ	兆候，傾向，サインなどから将来を見て今から検討し対策を講じておかなければならない問題解決，また現状ベースを新しいやり方に変えるチャレンジ	新規ルートの開拓，自動倉庫の建設，事務業務の削減・標準化，新人事システムのコンピュータ化など。
創造チャレンジ	拡大，革新などのチャレンジの過程の中から，新たな知見を見つけ過去の流れやケースにない全く新しい物をつくり出す創造チャレンジ	新規事業の開発，新技術の開発，新商品の開発，新製造法の開発，制御システムの開発，新人事制度の開発など。

し業績が決まる。この業績は業績給に反映される。半期業績で半期毎の業績給とするか，それとも1年業績の業績給とするかの選択はある。

年俸制の場合は基本年俸と業績年俸に分けられるが，基本年俸は，

(職能給＋職責給)×12ヶ月)＝基本年俸

業績年俸は，

(職能給＋職責給)×目標チャレンジ係数×平均賞与月数×業績考課係数×部門業績考課係数×企業全体業績考課係数＝業績年俸 の算式で計算する。

しかし，年俸制を採用していても業績年俸の仕組みを持たない完全年俸制では業績考課係数が基本給にストレートに乗算される。シニア社員に年俸制を導入する目的は，賃金減額分を「高年齢雇用継続給付金」と「在職老齢年金」で補填すること，働く意欲の引き出しなど隠居気分の払拭に狙いがある。賃金カットや人件費節約ではないことに留意することが大切である。チャレンジ係数は企業のニーズや政策で決めればよい。

以上，役割とは職責とチャレンジ目標の2つで構成される。職責の評価は本来，職務分析手法による職務評価で行い，職務の価値づけを明確にすべきである。しかし，IT，AIの高度情報化による職務変化が激しい今日，費用対効果を考えるとメイン課業を洗い出して評価する簡便法が効率が良い。

一方，本人が付け加えたチャレンジ目標の評価は目標の具体性，実現可能性，貢献性，そして効率性の4点から，チャレンジとして認定できる目標なのか，また有効性があるのか，などの判定が行われる。チャレンジの有効性は次のチャレンジの種類によってその難易度も異なり，またチャレンジの係数も異

▶図表2-7　チャレンジの種類と係数（例示）

チャレンジの種類	係　　数
拡大	1.02
革新	1.05
創造	1.08
確実	1.02
人材育成	1.03
自己啓発	1.02

なったものになる。

▶図表2-8　業績考課と考課別係数

業績考課	係数
S	1.2
A	1.1
B	1.0
C	0.9
D	0.8

2) 役割目標の設定と評価

　役割は，固有の役割（職責）業務と変化対応業務の役割（チャレンジ目標）の2つがある。固有の役割とは別名，各職位の主要職責に基づく固有の業務で，担当者として当然に解決すべき課題を含む。管理者の役割業務を総括すると，部門統括，部下掌握育成，業務推進，企画開発，上司補佐の5つの役割にまとめることができる。

　シニア社員の役割業務を考えるとき，昨日までは管理者の役割を果たしていた者も多数おり，今日から管理的役割業務は除くとしても，後輩の育成指導，業務推進，企画開発，上司補佐の役割業務を十分に遂行できる者もいる。

　組織から与えられた役割とは，本来その職位として当然に遂行が期待される義務的色彩の強い固有の役割業務であり，本人の意思による選択の余地は少ないものである。シニア社員には従来のキャリアを活かした固有の役割業務の他に，自らが付け加えるチャレンジ目標をプラスした大きな役割業務に挑戦してもらいたいものである（図表2-9）。

▶図表2-9　役割業務要件書　　　　　　　　　　　　　　　　　　　　　　役割業務要件書　部長

平成　　年度 (上期・下期)	考課対象期間					被考課者			
	自	平成　年　月　日			所属	役割等級	資格等級	役職名
	至	平成　年　月　日							

役割業務	役割	役割内容	遂行レベル
目標面接の実施	目標面接の実施（係長，課長，部長主体業務）	・目標の設定の仕方の指導 ・目標面接，中間面接，育成面接の実施 ・随時面接の実施 ・面接後のフォロー（職務改善の指導と行動改善の指導）	1．面接制度の流れや，それぞれの面接（目標面接，中間面接，育成面接）の目的，効果，留意点を理解して，タイミングよく，そのとき，その場面，その人にあった面接を実施している。
			2．課業一覧表，職能要件書，役割要件書により，部下の現在の能力を把握した上で部下と期待像のギャップを確認しながら職務基準を設定している。また，それに関連した能力開発目標を設定している。
	点数		3．育成面接に当たっては，意図的，計画的にフィードバックメモを作成して，面接の準備をしている。
			4．職務基準設定の面接では，部署目標を具体的な仕事に置き換えながら，わが事意識をもたせ，個人目標を自主的に設定させている。
人事考課の実施	人事考課の実施（係長，課長，部長主体業務）	・人事考課，コンピテンシー評価の実施 ・結果のフィードバック ・考課者間の調整（課長以上） ・昇進昇格者の推薦（課長以上）（推薦書の作成）	1．絶対考課を理解して，人材育成や有効な人材活用を図るため，行動観察メモ，フィードバックメモを使いながら，定期的に面接を実施している。
	点数		2．課題のレベルに応じて，また，部下の能力レベルを考えて，個別面接，ペア面接，グループ面接を必要時に随時実施している。
			3．行動事実の確認，甘辛調整，絶対考課基準の確認等を通じて，正しい人事考課を行い，公正で，適正な処遇に結び付けている。
予算の立案と実施把握	予算の作成・運用（課長，部長主体業務）	・前年度の実績の把握 ・問題点の把握 ・当年度の予算の作成・答申 ・予算の運用 ・予算と実績の差異分析 ・月次の分析・報告（経理課） ・コスト削減	1．過年度の予算の実績を分析し，本年度予算を立案し，経費の使い方など，原価意識の徹底を図っている。
	点数		2．部門収支の実績データに基づき，予算と実績対比を毎月行い，差異が発生した場合は，その原因を検証して，翌月以降の予算の使い方に反映させている。
			3．管理可能な経費（消耗品，水道光熱費，人件費（時間外），修理費等）について，具体的にコスト削減案を上司に提案し，部下にも周知徹底して，改善結果を出している。

作成日：平成○年○月○日

在職年数	氏名

確認資料添付提出	自己評価	一次考課	二次考課
□年間事業計画書 □部課方針書 □チャレンジカード □職務基準の設定メモ □フィードバックメモ □人事考課表綴り	+2 +1 ± -1 -2 コメント	+2 +1 ± -1 -2 コメント	+2 +1 ± -1 -2 コメント
	+2 +1 ± -1 -2 コメント	+2 +1 ± -1 -2 コメント	+2 +1 ± -1 -2 コメント
	+2 +1 ± -1 -2 コメント	+2 +1 ± -1 -2 コメント	+2 +1 ± -1 -2 コメント
	+2 +1 ± -1 -2 コメント	+2 +1 ± -1 -2 コメント	+2 +1 ± -1 -2 コメント
□チャレンジカード □職務基準設定メモ □フィードバックメモ □人事考課表綴り □役割行動評価表	+2 +1 ± -1 -2 コメント	+2 +1 ± -1 -2 コメント	+2 +1 ± -1 -2 コメント
	+2 +1 ± -1 -2 コメント	+2 +1 ± -1 -2 コメント	+2 +1 ± -1 -2 コメント
	+2 +1 ± -1 -2 コメント	+2 +1 ± -1 -2 コメント	+2 +1 ± -1 -2 コメント
□予算実績表 □部門収支実績データ	+2 +1 ± -1 -2 コメント	+2 +1 ± -1 -2 コメント	+2 +1 ± -1 -2 コメント
	+2 +1 ± -1 -2 コメント	+2 +1 ± -1 -2 コメント	+2 +1 ± -1 -2 コメント
	+2 +1 ± -1 -2 コメント	+2 +1 ± -1 -2 コメント	+2 +1 ± -1 -2 コメント

役割業務	役割	役割内容	遂行レベル
部門の統率	法人方針・部門方針の周知徹底（課長，部長主体業務）	・会社方針，部門方針の具現化 ・部門方針書の作成 ・会社方針，部門方針の各職員への説明	1．法人の理念や方針，部門方針を十分に理解し，定期的に部下に朝礼ミーティングなどを通じて周知している。 2．部門方針を，法人の理念や方針に沿って作成している。 3．部門方針が達成できるように，各個人レベルの目標を設定し随時面接で業務の推進状況（項目・スケジュール）を確認している。
	点数		
企画開発	新規事業の企画開発（課長，部長主体業務）	・新規事業の情報収集，調査分析 ・重点課題の抽出・提案 ・新規事業の立案と実施 ・事業の分析 ・実施のアセスメント	1．経営方針を基に，わが部門の役割期待を確認し，今期やらなければいけない優先課題を抽出している。 2．課題抽出に当たっては，全員の経営参加を原則として，議論と葛藤の中から重点課題（重点目標）を選択している。 3．問題解決に当たっては，課題解決のために，周到な情報収集，調査，分析を行い，問題解決の手段・方法を導き出し，手段方法のメリット・デメリットのシミュレーションを行っている。 4．企画提案（問題解決案）は，即実行できる実務提案である。
	点数		

総合

平均点	判定

自己評価コメント	
一次考課者コメント	
二次考課者コメント	

確認資料添付提出	自己評価	一次考課	二次考課
□部課方針書 □チャレンジカード □個人別業務分担表	+2 +1 ± -1 -2 コメント +2 +1 ± -1 -2 コメント +2 +1 ± -1 -2 コメント	+2 +1 ± -1 -2 コメント +2 +1 ± -1 -2 コメント +2 +1 ± -1 -2 コメント	+2 +1 ± -1 -2 コメント +2 +1 ± -1 -2 コメント +2 +1 ± -1 -2 コメント
□部方針，課方針書 □企画アウトプット資料	+2 +1 ± -1 -2 コメント +2 +1 ± -1 -2 コメント +2 +1 ± -1 -2 コメント +2 +1 ± -1 -2 コメント	+2 +1 ± -1 -2 コメント +2 +1 ± -1 -2 コメント +2 +1 ± -1 -2 コメント +2 +1 ± -1 -2 コメント	+2 +1 ± -1 -2 コメント +2 +1 ± -1 -2 コメント +2 +1 ± -1 -2 コメント +2 +1 ± -1 -2 コメント

氏名	印	日付	/ /
氏名	印	日付	/ /
氏名	印	日付	/ /

▶図表2-10　役割等級評価基準（例示）

評価視点	評価項目	5	4
思考の困難性	要求される知識	・外部での講演等もできる程の専門的業務知識が必要。 ・大学院卒レベル	・現行の業務に必要な知識はもちろんのこと，最新の経済・業界・技術に関する知識が求められる。 ・大卒以上のレベル
	判断の独自性	・目標の選択設定は自己の責任に任され，ことごとく自らの裁量・判断で決定しなければならない。	・大まかな方向性の指示が与えられるだけであり，実行にいたっての裁量・判断は，大部分が自己の責任に任される。
	業務の革新性	・現在の方法では不可能であり，まったく新しい発想での取組みが全体にわたり必要である。	・かなりの部分で新しい発想での取組みが全体にわたり必要である。
実行の困難性	実務の習熟	・実務習熟に最低5年以上の期間が必要であり，かつ相当のエネルギーが求められる。	・3〜5年以内で何とか習熟が可能であるが，かなりの努力を要する。
	折衝の難しさ	・折衝相手はトップレベルであり人数も多く，かつ多頻度の折衝が必要である。	・折衝相手は幹部クラスであり，人数も比較的多く，難易度は高い。また，多頻度での折衝が必要である。
	業務の複雑性	・きわめて多くの考慮事項があり，因果関係をよく考えて対策の効果性を良く判断する力が不可欠。	・考慮する事項は比較的多く，それを論理的思考により，的確に行動を選択しなければならない。
	協力取付け	・他部門を含む多くのメンバーの協力が業務推進の絶対的条件であり，それなくして業務の完遂は不可能である。	・自らの主導によるが，メンバーの協力が要求され，その業務進捗が成果に少なからぬ影響をもたらす。
	他からの制約・調整	・社内外を問わず，調整の必要な利害関係者は数多く存在し，目標到達に神経を消耗する場面が頻繁に発生する。	・社内外を問わず，調整を必要とする利害関係者が比較的多く存在し，計画の円滑な遂行を妨げることもしばしばある。
	直接管理対象者の人数	・10人以上	・5〜10人未満

評価点	3	2	1
	・担当業界分野に関する専門知識および業務知識全般についての理解が必要。 ・短大・専門学校卒レベル	・担当業務を単独で実施するうえでの専門知識習得が必要。 ・高卒以上のレベル	・基礎知識と標準的方法が理解できていれば十分。 ・中卒以上のレベル
	・特別な問題等がない限り、独自の判断で実行するが、状況に応じては上司の判断を求めながら任された範囲内で責任を遂行する。	・上司や先輩の要点のみの指示を適宜求めながら実行する。	・上司や先輩の具体的指示が必要
	・現状の方法に少し工夫改善を交えて取り組むことが要請される。	・現状の方法でも可能だが、それをきちんとした認識で行う必要がある。	・現状の方法をきちんと踏襲するだけで、普段の程度の努力をすれば、十分可能である。
	・1〜3年以内の実務習熟が必要である。	・1年以内の実務習熟が必要である。	・数ヶ月以内の実務習熟が必要である。
	・利害の反するような折衝が時々発生する。きちんとした対話が必要である。	・折衝は比較的少ないが、問題処理にはある程度の折衝力が必要である。	・利害の反するような折衝は少なく、かつ頻度も少ない。
	・考慮事項はあまり多くはなく、因果関係を一通り整理でき、データに基づく重点思考ができれば十分である。	・多少の論理性は必要であるが、構成要素はさほど複雑ではない。	・指示に基づいて実行すれば大半は進めることができ、困難な判断を伴う部分はほとんどない。
	・自らが中心であるが、他部門のメンバーの協力を必要とし、その協力の下に業務を遂行する。	・部門内メンバーの協力も時として必要であるが、さほどではない。	・自分が大部分を行うことになり、特別な協力はあまり必要としない。
	・部門内外を問わず、他者と調整の必要な場合がしばしば発生し、たまに仕事の進捗が阻害されることがある。	・他者との調整を必要とする部分も少しはあるが、特別に気を使うほどではない。	・他者と特別に調整の必要はほとんどない。
	・3〜5人	・1〜3人	・0人

図表 2-10 に，簡便な「役割等級評価基準」を例示した。チャレンジ目標判定の物差しとして使用する。評価点 1 ～ 5 は役割グレードを表し，評価点 1 は初任一般社員，2 は上級一般社員クラス，3 は係長クラス，4 は課長クラス，5 は部長クラスを表す。目標を作成したら「役割等級評価基準」に照らしそれぞれの評価項目に沿って順次点数化し合計点を算定する。その合計点を評価項目数で割り算をして四捨五入で平均点を算定する。例えば，2.3 は 2 に，3.5 は 4 に読み替え，作成した目標は自分が格付けられた役割等級レベルに見合う目標であるか否かをチェックし，同一レベルと確認した目標のみチャレンジ目標とする。役割評価項目「直接管理対象者の人数」については，直接部下を持つ管理監督者のみ点数化をする。

　役割等級評価の点数化に当たっての留意点は，例えば評価点が 3 点か 2 点か迷ったときは，必ず下位の点数 2 点とすることを原則とすることである。

3） 業績考課の実施

　役割給はチャレンジを引き出すためには有効な賃金だが，職責に加え大きな役割目標をつくっただけでは意味はない。そこで各企業は，役割目標の達成度を評価した業績給で貢献度を処遇をするところが大勢を占める。

▶図表 2-11　目標面接と業績評価

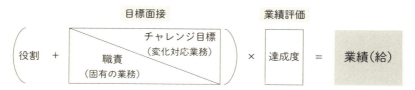

　以上のように，日本型成果主義賃金（役割給）が有効な賃金として成立するためには，目標面接制度（CBO）と役割評価制度および業績評価制度の 3 つが確実に実行されることが成否の鍵を握る。目標面接制度の有効性，役割評価の公正性，業績評価の客観性をどのようにデザインし構築するかが最も重要なポイントである。

5　シニア社員と職能給のあり方

　職能給の設計ポイントを簡潔に述べておこう。

　職能給は職務遂行能力給である。したがって，職能給を導入するためには先に触れた職能資格等級制度のフレームを設計し，次にその資格等級の中身を埋め込んでいく。中身は職種別役割・職能要件書である。この要件書は職種別に課業（仕事）とその課業を遂行するために必要な習熟要件（この仕事はどんなレベルでできたらよいのか，例えば「できるレベル」も所定の手続きや規定に従ってできるのか，方針に沿って計画的にできるのか，具体的な指示に従ってできるのか，によってできるレベルが異なる）や修得要件（その仕事をそのようなレベルでやるためにはどのような勉強が必要なのか，知識，技能，技術など）の2つのファクターで構成されている。昇格は，在級資格等級（習熟要件と修得要件）の資格要件を満たしたときに1つ上の資格等級に上がる。賃金で言えば能力アップを受けて昇格昇給が発生する。シニア社員は，これらいくつかのハードルを乗り越えて現在の資格等級に到達した能力者である。定年後もこの資格等級を継続するのが望ましいのか否かは，企業のニーズで考える問題である。

　いずれにしても，この資格等級は肩書（偉さ），賃金（職能給）の重要な処遇軸となる。

　さて，職能給の設計のためには，職種別に社員全員の賃金プロット図の作成が必要になる。

1）　自社賃金の実態把握

　賃金表の策定を行うに当たっては，まず自社の賃金実態と問題点をしっかり把握しておくことが大切である。

　図表2-12のA社の所定内賃金（事務職）を見ると，60歳間際の現役社員がモデル賃金[3]をはるかに上回る状態にあり，このままの延長帯で新たな賃金

▶図表2-12　A社の所定内賃金（事務職）

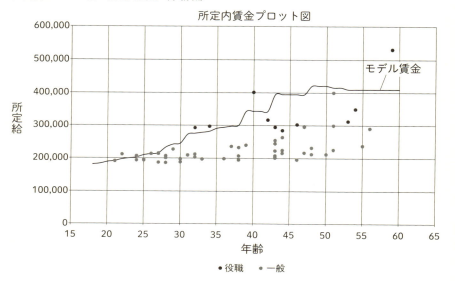

▶図表2-13　A社の基本給（事務職）

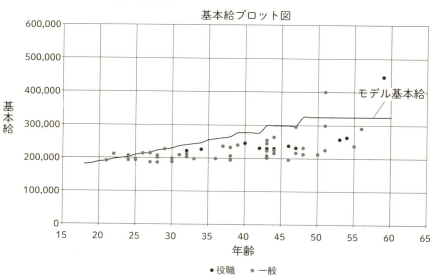

にスイッチすることはできない。仮に賃金表を設定しても，その賃金表への移行が困難になるか，あるいは無理して移行しようとすれば膨大な原資が必要になり経済的負担も大きい。

　賃金表策定の際は，自社の賃金水準が世間相場に比べて低いのか高いのかといった問題点や，企業内における賃金格差の今日的問題点などを是正する方向を確認した上で賃金表の設定に当たることが望ましい。

　自社の賃金の現状と問題点を正しく把握するには，少なくとも次の４つの側面からとらえることが大切である。この現状把握の方法を「通常自社賃金の診断」と言っている。

　第１の診断…「プロット図の作成」
　　個人別賃金のプロット図を作って賃金の散らばり（分布型）を見る。
　第２の診断…「基本給ピッチの計算」
　　モデル賃金で賃金カーブの傾き具合，つまり年齢間格差が適切であるか否かを見る。
　第３の診断…「賃金水準の把握」
　　プロット図とモデル賃金を使って自社賃金の水準がどのような位置づけにあるかを確認する。
　第４の診断…「ベース年収の計算」
　　月例賃金のほかにボーナスの何ヶ月分を加えれば一定の生活水準を自社賃金が満たすことができるか，ベース年収をとらえておく。

　これら４つの診断は賃金のレントゲン写真のようなもので，賃金分析診断の基本ベースになる。

　図表２-14はＡ社のモデル賃金表（事務職）である。年齢給は40歳で打ち止め，51歳から扶養家族の減少に伴い家族手当が減少，所定内賃金（合計金額）も減少する。60歳以降のシニア社員の賃金は，このモデル賃金の流れの中で算定するのか，全く新たに高齢者活用戦略の中で考えるのか，企業ニーズで選択するということになる。併せて，月例賃金に賞与数ヵ月分を加えた年収モデル賃金を例示している。定年後の勤務延長者，再雇用者のシニア社員に賞与を支給するか否かは，月例賃金の水準レベルで検討される問題であろう。

▶図表2-14　A社のモデル賃金表（事務職）　※年齢給を60才まで適用。

年齢	勤年	家族移動			子女学歴移動		等級移動	役職移動	家族構成	所定内賃金（円）	
		配偶者	第一子	第二子	第一子	第二子				基本給	
										年齢給	職能給
18	0						1		1	144,800	36,200
19	1									145,900	37,500
20	2						2			147,000	41,800
21	3									148,100	43,300
22	4						3			149,200	47,800
23	5									150,250	49,500
24	6									151,300	51,200
25	7						4			152,350	57,400
26	8									153,400	59,300
27	9									154,450	61,200
28	10	28					5		2	155,500	67,600
29	11	29	0						3	156,550	69,700
30	12	30	1							157,600	71,800
31	13	31	2	0			6	係長	4	158,300	78,400
32	14	32	3	1						159,000	80,700
33	15	33	4	2						159,700	83,000
34	16	34	5	3						160,400	85,300
35	17	35	6	4	小1		7			161,100	93,600
36	18	36	7	5	小2					161,800	96,200
37	19	37	8	6	小3	小1				162,500	98,800
38	20	38	9	7	小4	小2				163,200	101,400
39	21	39	10	8	小5	小3	8	課長		163,900	112,500
40	22	40	11	9	小6	小4				164,600	112,500
41	23	41	12	10	中1	小5				164,600	112,500
42	24	42	13	11	中2	小6				164,600	112,500
43	25	43	14	12	中3	中1	9	部長		164,600	134,100
44	26	44	15	13	高1	中2				164,600	134,100
45	27	45	16	14	高2	中3				164,600	134,100
46	28	46	17	15	高3	高1				164,600	134,100
47	29	47	18	16	大1	高2				164,600	134,100
48	30	48	19	17	大2	高3	10			164,600	160,100
49	31	49	20	18	大3	大1				164,600	160,100
50	32	50	21	19	大4	大2				164,600	160,100
51	33	51	22	20		大3			3	164,600	160,100
52	34	52	23	21		大4				164,600	160,100
53	35	53	24	22					2	164,600	160,100
54	36	54	25	23						164,600	160,100
55	37	55	26	24						164,600	160,100
56	38	56	27	25						164,600	160,100
57	39	57	28	26						164,600	160,100
58	40	58	29	27						164,600	160,100
59	41	59	30	28						164,600	160,100
60	42	60	31	29						164,600	160,100

小計	諸手当		合計	年収（円）		
	役職手当	家族手当		月例賃金	賞与	計
181,000			181,000	2,172,000	543,000	2,715,000
183,400			183,400	2,200,800	550,200	2,751,000
188,800			188,800	2,265,600	566,400	2,832,000
191,400			191,400	2,296,800	574,200	2,871,000
197,000			197,000	2,364,000	591,000	2,955,000
199,750			199,750	2,397,000	599,250	2,996,250
202,500			202,500	2,430,000	607,500	3,037,500
209,750			209,750	2,517,000	629,250	3,146,250
212,700			212,700	2,552,400	638,100	3,190,500
215,650			215,650	2,587,800	646,950	3,234,750
223,100		10,000	233,100	2,797,200	669,300	3,466,500
226,250		16,000	242,250	2,907,000	678,750	3,585,750
229,400		16,000	245,400	2,944,800	688,200	3,633,000
236,700	15,000	21,000	272,700	3,272,400	710,100	3,982,500
239,700	15,000	21,000	275,700	3,308,400	719,100	4,027,500
242,700	15,000	21,000	278,700	3,344,400	728,100	4,072,500
245,700	15,000	21,000	281,700	3,380,400	737,100	4,117,500
254,700	15,000	21,000	290,700	3,488,400	764,100	4,252,500
258,000	15,000	21,000	294,000	3,528,000	774,000	4,302,000
261,300	15,000	21,000	297,300	3,567,600	783,900	4,351,500
264,600	15,000	21,000	300,600	3,607,200	793,800	4,401,000
276,400	45,000	21,000	342,400	4,108,800	829,200	4,938,000
277,100	45,000	21,000	343,100	4,117,200	831,300	4,948,500
277,100	45,000	21,000	343,100	4,117,200	831,300	4,948,500
277,100	45,000	21,000	343,100	4,117,200	831,300	4,948,500
298,700	75,000	21,000	394,700	4,736,400	896,100	5,632,500
298,700	75,000	21,000	394,700	4,736,400	896,100	5,632,500
298,700	75,000	21,000	394,700	4,736,400	896,100	5,632,500
298,700	75,000	21,000	394,700	4,736,400	896,100	5,632,500
298,700	75,000	21,000	394,700	4,736,400	896,100	5,632,500
324,700	75,000	21,000	420,700	5,048,400	974,100	6,022,500
324,700	75,000	21,000	420,700	5,048,400	974,100	6,022,500
324,700	75,000	21,000	420,700	5,048,400	974,100	6,022,500
324,700	75,000	16,000	415,700	4,988,400	974,100	5,962,500
324,700	75,000	16,000	415,700	4,988,400	974,100	5,962,500
324,700	75,000	10,000	409,700	4,916,400	974,100	5,890,500
324,700	75,000	10,000	409,700	4,916,400	974,100	5,890,500
324,700	75,000	10,000	409,700	4,916,400	974,100	5,890,500
324,700	75,000	10,000	409,700	4,916,400	974,100	5,890,500
324,700	75,000	10,000	409,700	4,916,400	974,100	5,890,500
324,700	75,000	10,000	409,700	4,916,400	974,100	5,890,500
324,700	75,000	10,000	409,700	4,916,400	974,100	5,890,500
324,700	75,000	10,000	409,700	4,916,400	974,100	5,890,500

さて，能力給（職能給）を設計するにはサラリースケールの計算から始まる。そのサラリースケールの枠組みはシングルレート賃率を採用するのか，それともレンジレート賃率を採用するかを決めなければならない。

　図表２-15の職能給スケールを見ていただきたい。職能資格等級制度10等級のA社の例示である。職能給のスタートは１等級，18歳の初号賃金36,200円である。上限賃金は10等級の160,100円のレンジレートで作成している。能力給はレンジレートで作成するのが基本である。なぜならば，能力給は能力の成長を受け止めた賃金であるからである。例えば，小学校に入学した６年生でも，入学時と卒業時の能力は異なるはずである。賃金で言えば，レンジレート，すなわち初号賃金〜（習熟昇給）〜上限賃金〜張り出し賃金の範囲給を採用するのが理論的にも正しい。

　しかし，シニア社員にレンジレートを適用することはできない。職能給は社員年齢が若いうちは有効であるが，社員年齢が高齢化してくると，もはや企業は能力開発だけではやってはいかれない。熟年層ともなれば，質の高い仕事にチャレンジして結果を出さなければ経営は立ちいかなくなるからである。シニア社員の賃金はシングルレートの賃金がふさわしく，各資格等級で「初号賃金」「上限賃金」の２本，また，下位資格等級では初号，上限賃金に加え「張り出し賃金」の３本のシングルレートを作成，適用するのがよい。

　このようにシングルレートの場合は資格等級の賃金に幅がないため，昇格をしない限り賃金は昇給しない。

　図表２-15で見ると，８等級以上〜10等級は上位資格等級者（管理・専門・専任職クラス）であるため，初号賃金か上限賃金かどちらかのシングルレートの賃金がその人の能力・実力によって支払われる。一方，７等級以下の職能給は初号賃金から上限賃金までの一定の幅を持つレンジレートの中で毎年上限・張り出し賃金額に達するまで定昇（習熟昇給）が人事考課により実施される。例示スケールを使いシニア社員の賃金を考えるとき，７等級以下の資格等級格付者の職能給適用は初号賃金か，それとも上限賃金か，または次に示す資格等級別「段階号俸表賃金」を適用し，３つ程度の号俸賃金を決めておき昇給必要時に適用する。すなわち賃金運用基準を作成し顕著な成果があったとき，同一

資格等級内の号俸賃金に飛びつく形で臨時昇給をしていく。役割等級の昇格昇給は，別に役割等級評価基準の作成が必要である。

▶図表2-15　年齢給および職能給のスケール

資格等級	理論年齢	モデル年数	年齢給	職能給のシステム					
^	^	^	^	上限年数	初号賃金	習熟昇給	昇格昇給	上限賃金	張り出し賃金
10	48		164,600	12	160,100	2,900	26,000	194,900	
9	43	5	164,600	12	134,100	2,900	21,600	168,900	
8	39	4	163,900	12	112,500	2,900	8,500	147,300	
7	35	4	161,100	12	93,600	2,600	6,000	124,800	
6	31	4	158,300	12	78,400	2,300	4,500	106,000	
5	28	3	155,500	9	67,600	2,100	4,500	86,500	89,650
4	25	3	152,350	9	57,400	1,900	4,500	74,500	77,350
3	22	3	149,200	9	47,800	1,700	3,000	63,100	65,650
2	20	2	147,000	6	41,800	1,500	3,000	50,800	52,300
1	18	2	144,800	6	36,200	1,300	—	44,000	45,300

基本給ピッチ　事務員＠4,500

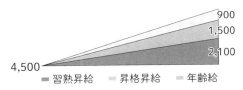

2）職能給賃金表の作成

職能給の賃金表には号俸表，昇給表，段階号俸表そして複数賃率表の4つのパターンがある。これらの賃金は，いずれもそれぞれの特徴を持っており，必ずしもこれらの賃金表がすべての企業に適合するものでもない。それぞれの企業の実態やニーズに合わせて賃金表の選択を行うことが必要である。

それでは，A社の職能給スケール（図表2-15）に基づいて賃金表をつくり，シニア社員に適合する賃金表を作成してみることとする。

まず，号俸表である。

① 号俸表とは

　この賃金表は職種別，資格等級別に各号俸別の賃金を決めている。各資格等級の1号に職能給のサラリースケールの初号賃金をセットし，各資格等級の2号は各資格等級の初号にそれぞれの習熟昇給額を順次加算して3号，4号と各号俸を設定してつくる。そしてスケールの上限賃金で昇給ストップとなる。

　特徴は1年に1号ずつ進む標準昇給額を資格等級別号俸別にセットした点であり，「公務員型賃金表」ともいわれている。原則として昇給査定は行わず，昇格がなければ昇給は最終号俸で止まり，能力の差は上位等級昇格時に反映される仕組みである。

　一般的には公的機関を除き民間企業での採用は少ない。能力，仕事の成果に関係なく毎年，同じ1号づつ昇給するシステムが問題である。

　能力・成果を評価した賃金表ではなく，シニア社員の適用には問題が多い。

▶図表2-16　号俸表　　　　　　　　　　　　　　　　　　　　（単位：円）

等級\号俸	1	2	3	4	5	6	7	8	9	10
1	36,200	41,800	47,800	57,400	67,600	78,400	93,600	112,500	134,100	160,100
2	37,500	43,300	49,500	59,300	69,700	80,700	96,200	129,900	151,500	177,500
3	38,800	44,800	51,200	61,200	71,800	83,000	98,800	147,300	168,900	194,900
4	40,100	46,300	52,900	63,100	73,900	85,300	101,400			
5	41,400	47,800	54,600	65,000	76,000	87,600	104,000			
6	42,700	49,300	56,300	66,900	78,100	89,900	106,600			
7	44,000	50,800	58,000	68,800	80,200	92,200	109,200			
8	＊45,300	＊51,550	59,700	70,700	82,300	94,500	111,800			
9		＊52,300	61,400	72,600	84,400	96,800	114,400			
10			63,100	74,500	86,500	99,100	117,000			
11			＊63,950	＊75,450	＊87,550	101,400	119,600			
12			＊64,800	＊76,400	＊88,600	103,700	122,200			
13			＊65,650	＊77,350	＊89,650	106,000	124,800			

＊印は張り出し昇給

② 昇給表とは

　本来，能力で賃金を決める賃金表であれば能力＝賃金の絶対額で示さなければならないが，昇給表は資格等級別，人事考課別に昇給額だけを示した一覧表で，正式には賃金表とはいい難い。

　考課ランクの標準をBとすれば，各資格等級のB系列に習熟昇給額をセットし，ある一定の割合でA，SおよびC，Dと展開する。一定の割合とは，例えば１割展開ではB考課の１割で左右に展開する。例えば，A社の昇給表（図表２-17）の７等級，習熟昇給B考課が2,600円の１割は260円となるが，これを100円単位に切り上げ300円単位で左右に展開し，その結果，A考課者には2,900円，S考課者は3,200円，逆にC考課者にはB考課者の2,600円から300円マイナスの2,300円，D考課者はさらに300円マイナスの2,000円を昇給額としてセットする。展開幅をどの程度にするかは企業ニーズや企業内の公平感で決めればよい。一般的には１割から２割の展開が多い。

▶図表２-17　A社の昇給表　１割展開　　　　　　　　　　　　　　　　（単位：円）

等級 \ 考課ランク	S	A	B	C	D
1	1,700	1,500	1,300	1,100	900
2	1,900	1,700	1,500	1,300	1,100
3	2,100	1,900	1,700	1,500	1,300
4	2,300	2,100	1,900	1,700	＊1,400
5	2,700	2,400	2,100	1,800	1,500
6	2,900	2,600	2,300	2,000	1,700
7	3,200	2,900	2,600	2,300	2,000
8	—	—	—	—	—
9	—	—	—	—	—
10	—	—	—	—	—

　問題は初任給に毎年の人事考課結果の昇給額を積み上げる方式であるため，積上げ上限年数または昇給打止め年齢を決めない限り，どこまでも昇給が続く。能力・成果を評価した賃金表ではなく，シニア社員の適用には問題が多い。

③ 段階号俸表とは

　号俸表とよく似ているが，異なる点は号俸表は毎年1号俸ずつ昇給をするのに対して，段階号俸表では標準者であれば4号ずつ昇給するという点である。標準昇給号俸数を5号または4号，3号といかようにも設定することができる。この段階号俸表の採用は，昇給査定を行いたい，査定の累積もしたいといった場合に有効な賃金表である。

　図表2-18の段階号俸表は標準5号昇給で作成している。標準5号とは，例えば人事考課でB（普通≒期待レベル）考課の評価を受けたときに昇号する号数を表している。

　例えば，3等級1号俸在級者（47,800円）が，B考課を得たときの昇号は5号昇給するので49,500円となる。もしA考課のときは6号昇給するので49,840円，S考課のときは7号昇給するので50,180円となる。逆にC考課のときは4号昇給で49,160円となる。読者の理解を得るために賃金表は円単位で表示しているが，100円単位に整理し表示する場合が多い。その場合は端数を整理し，標準号俸で差額を合致させる方法をとるのが一般的である。

　この賃金表をシニア社員に適用する場合は，先に触れたように初号賃金，上限賃金，または初号と上限の中間賃金の3本のシングルレート的な適用がベターと考える。しかしどのような資格要件を初号，中間，上限賃金に設定するか，運用基準をしっかりと定めることが必要である。

▶図表2-18　A社の段階号棒表　標準5号昇給（事務職）　　　　　　　　　　（単位：円）

等級号棒	1	2	3	4	5	6	7	8	9	10
1	36,200	41,800	47,800	57,400	67,600	78,400	93,600	112,500	134,100	160,100
2	36,460	42,100	48,140	57,780	68,020	78,860	94,120	129,900	151,500	177,500
3	36,720	42,400	48,480	58,160	68,440	79,320	94,640	147,300	168,900	194,900
4	36,980	42,700	48,820	58,540	68,860	79,780	95,160			
5	37,240	43,000	49,160	58,920	69,280	80,240	95,680			
6	37,500	43,300	49,500	59,300	69,700	80,700	96,200			
7	37,760	43,600	49,840	59,680	70,120	81,160	96,720			
8	38,020	43,900	50,180	60,060	70,540	81,620	97,240			
9	38,280	44,200	50,520	60,440	70,960	82,080	97,760			
10	38,540	44,500	50,860	60,820	71,380	82,540	98,280			
11	38,800	44,800	51,200	61,200	71,800	83,000	98,800			
12	39,060	45,100	51,540	61,580	72,220	83,460	99,320			
13	39,320	45,400	51,880	61,960	72,640	83,920	99,840			
14	39,580	45,700	52,220	62,340	73,060	84,380	100,360			
15	39,840	46,000	52,560	62,720	73,480	84,840	100,880			
16	40,100	46,300	52,900	63,100	73,900	85,300	101,400			
17	40,360	46,600	53,240	63,480	74,320	85,760	101,920			
18	40,620	46,900	53,580	63,860	74,740	86,220	102,440			
19	40,880	47,200	53,920	64,240	75,160	86,680	102,960			
20	41,140	47,500	54,260	64,620	75,580	87,140	103,480			
21	41,400	47,800	54,600	65,000	76,000	87,600	104,000			
22	41,660	48,100	54,940	65,380	76,420	88,060	104,520			
23	41,920	48,400	55,280	65,760	76,840	88,520	105,040			
24	42,180	48,700	55,620	66,140	77,260	88,980	105,560			
25	42,440	49,000	55,960	66,520	77,680	89,440	106,080			
26	42,700	49,300	56,300	66,900	78,100	89,900	106,600			
27	42,960	49,600	56,640	67,280	78,520	90,360	107,120			
28	43,220	49,900	56,980	67,660	78,940	90,820	107,640			
29	43,480	50,200	57,320	68,040	79,360	91,280	108,160			
30	43,740	50,500	57,660	68,420	79,780	91,740	108,680			
31	44,000	50,800	58,000	68,800	80,200	92,200	109,200			
32	(44,130)	(50,950)	58,340	69,180	80,620	92,660	109,720			
33	(44,260)	(51,100)	58,680	69,560	81,040	93,120	110,240			
34	(44,390)	(51,250)	59,020	69,940	81,460	93,580	110,760			
35	(44,520)	(51,400)	59,360	70,320	81,880	94,040	111,280			
36	(44,650)	(51,550)	59,700	70,700	82,300	94,500	111,800			
37	(44,780)	(51,700)	60,040	71,080	82,720	94,960	112,320			
38	(44,910)	(51,850)	60,380	71,460	83,140	95,420	112,840			
39	(45,040)	(52,000)	60,720	71,840	83,560	95,880	113,360			
40	(45,170)	(52,150)	61,060	72,220	83,980	96,340	113,880			
41	(45,300)	(52,300)	61,400	72,600	84,400	96,800	114,400			
42			61,740	72,980	84,820	97,260	114,920			
43			62,080	73,360	85,240	97,720	115,440			
44			62,420	73,740	85,660	98,180	115,960			
45			62,760	74,120	86,080	98,640	116,480			
46			63,100	74,500	86,500	99,100	117,000			
47			(63,270)	(74,690)	(86,710)	99,560	117,520			
48			(63,440)	(74,880)	(86,920)	100,000	118,040			
49			(63,610)	(75,070)	(87,130)	100,480	118,560			
50			(63,780)	(75,260)	(87,340)	100,940	119,080			
51			(63,950)	(75,450)	(87,550)	101,400	119,600			
52			(64,120)	(75,640)	(87,760)	101,860	120,120			
53			(64,290)	(75,830)	(87,970)	102,320	120,640			
54			(64,460)	(76,020)	(88,180)	102,780	121,160			
55			(64,630)	(76,210)	(88,390)	103,240	121,680			
56			(64,800)	(76,400)	(88,600)	103,700	122,200			
57			(64,970)	(76,590)	(88,810)	104,160	122,720			
58			(65,140)	(76,780)	(89,020)	104,620	123,240			
59			(65,310)	(76,970)	(89,230)	105,080	123,760			
60			(65,480)	(77,160)	(89,440)	105,540	124,280			
61			(65,650)	(77,350)	(89,650)	106,000	124,800			

第2章　賃金体系がある大・中堅企業の賃金

④ 複数賃率表とは

　この賃金表は，1つの資格等級で1枚ずつの賃金表が作成される。つまり，資格等級制度が10等級であれば10枚の表がつくられる。そして人事考課によりBは標準賃率，各号俸の賃金がそのまま入り，S，Aは加算賃率，C，Dは減額賃率による賃金が左右にセットされる。

　運用は，毎年1号昇給するが，昇給する際のランクは人事考課によって決まる。つまり複数賃率表は昇給査定方式ではなく，今現在の能力の高さを査定し賃率が決まる。例えば，ある人が3年続けてS考課を取り，4年目にBを取ったとしよう。もう1人は3年続けてD考課で4年目でBを取ったとすると，2人の4年目の賃金は全く同じである。

　一切過去を問わない完全キャンセル方式の賃金表である。

　図表2-19は4段階一致であるが，2段階，3段階，5段階一致などさまざまなつくり方がある。図表2-19の5等級の標準昇給額は2,100円であるが，これを4段階一致で賃率表に置き換えると2,100円÷4＝525円で格差展開をすることになる。端数の25円はプラスメリットとしてAに100円単位に整理をして

▶図表2-19　A社の複数賃率表5等級（4段階一致）

号俸＼考課ランク	S	A	B	C	D
1	68,650	68,125	67,600	67,075	66,550
2	70,750	70,225	69,700	69,175	68,650
3	72,850	72,325	71,800	71,275	70,750
4	74,950	74,425	73,900	73,375	72,850
5	77,050	76,525	76,000	75,475	74,950
6	79,150	78,625	78,100	77,575	77,050
7	81,250	80,725	80,200	79,675	79,150
8	83,350	82,825	82,300	81,775	81,250
9	85,450	84,925	84,400	83,875	83,350
10	87,550	87,025	86,500	85,975	85,450
11	＊88,080	＊87,810	＊87,550	＊87,290	＊87,030
12	＊89,130	＊88,860	＊88,600	＊88,340	＊88,080
13	＊90,180	＊89,910	＊89,650	＊89,390	＊89,130

一括処理をするのが普通だが、ここでは計算のロジックをご理解いただくために端数をそのままセットしている。計算方法は、B系列の各号俸の額に525円を加算した額をA系列の各号俸にセットする。さらに525円を加えた額をS系列にセット、またC系列にはB系列よりも525円マイナスの額を、さらに525円を差し引いた額をD系列にセットし1号俸欄を作成する。その後の号俸は毎年誰でも1号俸（2,100円）ずつ進む。また上限賃金到達後は、張り出し賃金として習熟昇給2,100円の半額の1,050円をS～Dの各系列に加算をし、張り出し上限賃金に達するまで加算をする。

以上4つの賃金表の中でどの賃金表を選択するかは各企業のニーズや労使政策で決める問題であるが、能力主義賃金を指向するのであれば、現在到達能力で決める賃金である「複数賃率表」の選択が理想的な賃金といえる。これは、キャリアを持つシニア社員に最もふさわしい賃金表でもあると確信している。

能力主義の能力とは過去からの蓄積能力であり、年数の経過とともに能力は陳腐化していく。「複数賃率表」は今現在使える能力の評価で決める賃金表であり、労使双方にとって負担にならない、これからの能力・成果主義時代のメインになる賃金表である。

6 これからのシニア社員の賃金設計のあり方

年功主義時代（1960～1975年）の賃金体系は、年齢別生計費カーブに準拠した生活給をベースに加齢によって賃金が上昇する仕組みで、若年層、なかでも30歳前後の能力の伸び盛りの時期の賃金が一般的に低く抑えられていた。こうした若年層の賃金の低さの理由は、技能・習熟カーブに準拠した賃金体系にあった。

このカーブから分かることは、賃金カーブと技能・習熟カーブは相対的な関係であり、技能・習熟がある一定の水準に到達しないうちは賃金が抑えられているということである。この低賃金の年代層は30歳前後の働き盛りで中だるみ

現象として各企業に見られる。このような中だるみがある場合は，早期に賃金改善を進めることが必要である。

　年功賃金の特徴は，職位が違えばそれなりに大きな格差が生じる点である。年功主義のことを別名で年功職階制度とも言うのは，同職位，同年配者の賃金格差はあまりないが，職階が1つ異なると大きな賃金格差が生じるためである。年功賃金を決定する主なファクターは仕事や能力ではなく，学歴や勤年，年齢

▶図表2-20　賃金と技能の相関図

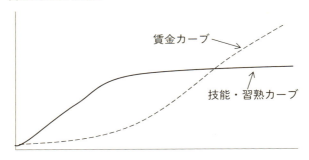

▶図表2-21　賃金の見直し年齢

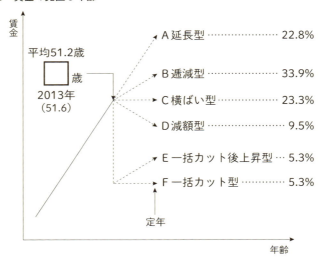

出所：「2017年中高齢層の賃金・処遇に関する調査」産労総合研究所調べ『賃金事情』No.2754，2018年1月5・20日，20ページ。

である。

　現在でも，賃金体系を持たない企業の多くは，年齢や勤続年数が賃金決定の主な基準になっている。また，自社の支払い能力，世間相場も賃金決定に大きな影響力を持つ。さらには労働力の需給関係にも大きな影響を受ける。

　とりわけ，人手不足の現在，シニア社員の賃金も例外ではない。図表2-21は産労総合研究所における高齢者賃金の実態調査資料である。

　賃金の見直し年齢は平均51.2歳である。図で分かるように51.2歳以降，延長型で賃金が上昇していく企業はわずか22.8％に過ぎず，賃金上昇幅が少なくなる「逓減型」の割合が最も多い。賃金上昇のない賃金上昇打ち止め，減額型の企業は40％以上にも上る。合理的理由がなければ賃金を画一的に下げることはできないが，最近，加齢とともに賃金減額は一般的として処理している企業がいかに多いことか。ここに労使紛争の種が潜んでいる。

■注
1)「2017年中高齢層の賃金・処遇に関する調査」『賃金事情』No.2754，2018年1月5・20日，19ページ。
2) 年金支給開始年齢の引上げを受け，雇用の終了と年金の受取りの時間差が生じる事から，2013年に改正高齢者雇用安定法が施行された。2025年度には65歳までの雇用確保が完全に義務づけられることになる。
3) モデル賃金とは学校を卒業し直ちに入社しその後標準的に昇格・昇給し世帯形成（結婚年齢や子女誕生）も標準的に経過している場合の属人的条件（年齢や勤続年数や扶養人数）および職務条件（仕事や能力）に合致している銘柄である。このような銘柄条件をモデル条件と言う。モデル条件＝代表的銘柄，モデル賃金＝代表銘柄の賃金（モデル条件に見合った賃金）。楠田丘『新・賃金表の作り方』経営書院，1999年，42ページ。

第3章

賃金体系のない中小企業の簡便な賃金表のつくり方
～シニア社員の人事・賃金処遇制度の構築とその実務～

　賃金は，生活保障の原則と労働対価の原則という2つの原則によって構成されている。しかし，賃金体系を持たない日本の多くの中小企業では，年齢や勤続によって，このぐらいの賃金でよいのではないかというオーナーの直感やそのときの一言で決めているのが実態である。しかし，賃金とは労働市場の影響を強く受け需要と供給により決まるものであり，社員から見れば労働力の再生産費用，つまり，生計費によっても規制されるものである。賃金が持つ供給価値と需要価値の2つの側面は，労働力が取引される労働市場で調整され，労働力の価格（賃金）が決まる。自社の支払い能力がなければ，賞与原資を削ってでも月例賃金を高めることが賃金理論上では大切であり，人手不足で採用が困難なときであるからこそ，モデル賃金をつくり人材の流失を防ぎたい。
　賃金制度の作成は，現役社員やシニア社員が安心して働くことができる職場づくりの原点である。第3章では賃金体系がいまだに構築整備されず年功人事を踏襲している中小企業を対象に，まず現役社員の賃金表をつくり，その賃金表をシニア社員にどのように適用するのかを含めて，自社でできる簡単な賃金表の作成の仕方と活用の仕方を事例を用いて易しく解説する。

1 自社賃金分布の特徴把握

　賃金表を作成するためには，まず自社の基本給および所定内賃金，年収ベースの賃金実態を把握することが大切である。これは企業の大小には関係なく，賃金表を策定するためには賃金のプロット図をつくり，実態を分析することから始まる。このプロット図は健康診断におけるレントゲン写真である。プロット図にはその企業の賃金の分布型，賃金体系のあり方などが示され，それによって対応の仕方もおのずと違ってくる。

　下記にプロット図の分析の仕方と賃金表のつくり方を簡便に説明する。

1） 賃金プロット図の作成（第1ステップ）

　プロット図は，基本給で1枚，所定内で1枚，年収ベースで1枚の合計3枚を作成する。

　一般産業の企業では，原則として職種に関係なく全社員をプロットする。しかし，病職員のように外部労働市場に強い影響を受ける職種があれば，職種別にプロット図を作成する。職種によって明らかに世間相場が異なるからである。

　賃金プロット図は，横軸に年齢，縦軸に賃金額を置き，該当する位置に全社員の賃金（個人別賃金）をプロットする。プロット図は性別，職種別，役職，非役職別に記号または色分けをして区別がつくようにする。

① 基本給プロット図

　賃金カーブの傾きや歪み（個別賃金）を検討する。基本給の高さはどうなっているのかを検証するために必要である。「基本的賃金」は全社員を対象にする賃金項目である。

② 所定内賃金プロット図

　賃金水準の分析用である。賃金の高さやバラツキ（個人別賃金…1人ひとりの賃金）を検討するときに所定内賃金および年収を取り上げて分析する。

③　年収プロット図の作成

　所定内賃金がどんなに高くても，良い賃金といえない場合が往々にしてある。賃金の水準を真につかむには，賞与を含めた年収ベースで議論をすべきであろう。月例賃金がどんなに高くても賞与がないと年収は低額である。またその逆で，月例賃金は安いが賞与が数ヶ月も支給されているとすれば年収は高額になる。賃金の高い低いは一概には言えない。賃金の性能は年収で見て判断をしなければならない。本来は，退職金を含めた生涯賃金で議論を進めたいところだが，退職金という将来の不確実な利益までを考えると賃金は複雑になるので，確実な年収ベースで分析するのが分かりやすいし理解と納得もしやすいと考える。

2）　基幹年齢別ポイント賃金の比較検討（第2ステップ）

　プロット図で自社のポイント賃金額（基幹賃率）を確認する。

　ポイント賃金額（基幹年齢）がどの程度の額になっているのか，その水準，格差の分析を行う。その分析はいくつかの基幹年齢ポイントをとらえて，個別賃金（銘柄別の賃金）および個人別賃金（1人ひとりの賃金）で同業他社，同地域他社，一般公開データとの比較で行う。他社の公開データの賃金額は次の年齢ポイントをとらえて書き込んでいく。他社，または公開データ賃金と検証することによって，自社のおおよその賃金水準を把握することができる。

　①18歳〜22歳（初任給）
　②25歳（第1習熟，単身者）
　③30歳（第2習熟，世帯主，指導職位）
　④35歳（完全習熟，世帯主，管理補佐職）
　⑤40歳（管理職位）
　⑥48歳（上級管理職位，生計費ピーク点）

　それぞれの年齢ポイント（該当者がいない場合はその前後年齢）に該当する社員（複数の人がいれば平均，中位数[1]などを算出）をピックアップし，他社の公開データと比較をする。30歳，35歳，40歳の1人当たりの賃金水準は世間相場に比べ高いのか，低いのかの相場ベースの確認を行い，低ければ早急に改善策を講じることが必要である。上記の基幹年齢の賃金を抑えることで，自

社賃金の大方の性能が判断できる。

　今日，賃金データの統計資料は数えられないほど多数ある。一般的な賃金データは次のとおりである。データ活用において大事なことは，そのデータのとり方や性格をよく理解して利用することが大切である。

「大企業のモデル賃金」(『賃金事情等総合調査』中央労働委員会)

「経団連のモデル賃金」(『定期賃金調査』日本経済団体連合会／東京経協)

「都内中小企業のモデル賃金」(『「中小企業の賃金事情」調査結果の概要』東京都)

「連合・主要組合のモデル賃金」(連合)

「モデル賃金・モデル年間賃金」(『賃金事情』産労総合研究所)

「賃金構造基本統計調査(概況)」(厚生労働省)

「役職別にみた賃金」(『賃金構造基本統計調査』厚生労働省)

「中高齢者の賃金」(『賃金構造基本統計調査』厚生労働省)

「短時間労働者の賃金」(『賃金構造基本統計調査』厚生労働省)

「都道府県別にみた初任給」(都道府県人事委員会)

「決定初任給」(『賃金事情』産労総合研究所)

「主要業種の職種別賃金」(『賃金構造基本統計調査』厚生労働省)

「医療系職種の職種別賃金」(『賃金構造基本統計調査』厚生労働省)

「都道府県別職種別民間給与実態調査」(都道府県人事委員会)

「職種別民間給与実態調査」(人事院)

「都市別の標準生計費」(都道府県人事委員会)

「都道府県別にみた手当の支給状況」(『都道府県別職種別民間給与実態調査』都道府県人事委員会)

「都内中小企業の手当の支給状況」(『中小企業の賃金事情』東京都)

「大企業の手当の支給状況」(『賃金事情等総合調査』中央労働委員会)

　できれば，労使であらかじめ活用データ(準拠指標，モデル賃金を用いての診断)を決めて，毎年自社のプロット図を作成し賃金水準の確認を行い，モデル賃金に基づいて賃金交渉を行うことが大切である。

　準拠指標としては，上記の一般公表資料のほか，客観的資料として生計費

(人事院）の診断は納得性が高く，多くの企業で使われている。その他，同業他社，同地域他社との賃金資料（モデル賃金）の交換ができればなおベターである。同業他社との比較ではモデル月収だけではなく，実在者賃金（月収，年収）も見ないと優劣の判定ができない。月収が良くても賞与が少ない，モデル賃金は高いが実在者はそのベースに乗っていないなどがあり，中身をよく見て分析・検討をしないと賃金が高い，低いは判定ができないからである。

3） 基幹年齢別モデル（エリート）賃金額の把握（第3のステップ）

　基幹年齢別に，自社の賃金額の散らばりをプロット図（基本給，所定内，年収）で確認する。次に，同業他社，同地域他社および一般公開賃金データと比較分析を行う。他社または一般公開賃金データに対して見劣りする場合は，自社の基幹年齢別賃金を修正しなければならない。原資がなければ，賞与を削ってでも世間ベース以上の賃金にしなければ人材確保の競争力に欠けることになる。

　このように，政策的に基幹年齢別にモデル賃金額をとらえて，自社のあるべきモデル賃金線をハンドで描いていく。ハンドで描いたモデル賃金線を見て，60歳まで年齢別に賃金額を読み取り記録をしていく。

2 │ 職能・役割等級制度のフレームの設計

　賃金表を設計するには，まずハンドで描き，確認したモデル賃金線を職能・役割等級制度の初号賃金欄に初号賃金を書き込むことから始まる。

1） 職能・役割等級制度のフレーム作成（第4のステップ）

　年齢別賃金額を職能・役割等級の初号賃金欄へ書き込む。

　職能・役割等級制度は，高卒（18歳），短卒者（20歳），大卒（22歳）の新人社員を「初任一般社員」資格等級1等級の格付けとする。資格等級2等級は，高卒5年，短卒3年，大卒1年以上の習熟要件を経て「上級一般社員」資格等

級2等級に格付けする。したがって，一般社員クラスの資格等級は1等級と2等級の2つの資格等級を占める。

次に指導管理監督職の「係長クラス」は3等級，管理，専門職の「課長クラス」は4等級，「部長クラス」は5等級と設定し，計5段階の職能・役割等級をセットする。

「昇進，昇格，降格に関する実態調査」(『労務時報』2009年10月5日）によると，通常，役職に就任する年齢は最短で係長30歳，課長34歳，部長40歳，標準で係長33歳，課長39歳，部長47歳である。

そこで，ここでは仮に3等級（係長クラス昇進年齢を30歳），4等級（課長クラス昇進年齢37歳），5等級（部長クラス昇進年齢44歳）と設定し，1～5等級の職能・役割等級制度のフレームを設定する。この資格等級制度は，各企業の実態や社員の年齢構成によっても当然に異なったものになる。しかし，組織活性化の観点から役職適齢期があり，部長クラスに50歳を超えての昇進は望ましくない。もし，モデルで50代を超えているならば，40代に修正をしてスケールを計算するようにする。

2） 職能・役割等級別モデル（エリート）基本給表の作成（第5のステップ）

第2のステップで基幹年齢別ポイント賃金を把握し，ハンドで自社のモデル賃金を描いたが，その資格等級別，モデル昇格年齢の基本給賃金額を読み取り，その賃金額を各資格等級別モデル昇格年齢と併せて基本給額欄に書き込んでいく。

図表3-1で説明すれば，資格等級1等級者（高卒者18歳）の初任給額を基本給額欄に181,000円と記入する。

学卒採用をしていない企業では，もし18歳高卒または20歳短卒者，22歳大卒者を採用するとすればいくらの賃金になるか，また支払えるかを実在者の賃金分布またはハンドで引いた基本給プロット図の賃金カーブから読み取って記入する。

18歳，20歳，22歳学卒者の賃金は初任給であり，手当を含まない基本給額そ

のものである。留意点は，賃金カーブの読み取りには基本給と所定内賃金の2つがあるが，賃金体系作成（サラリースケールの設計）には基本給額を使う。しかし，中小企業においては基本給は一般的に賞与や退職金に跳ね返るので，基本給額をできるだけ小さく抑えて，総額では他社に負けないように諸手当で調整している企業も少なくない。これらの企業では，本来基本給で支払うところを手当項目にして総合決定給にしている。

割増賃金の基礎となる賃金に算入しなくてもよい手当は，労働基準法第37条第5項の規定によって，家族手当および通勤手当のほか，別居手当，子女教育手当，個別に決められた住宅手当，臨時に支払われた賃金と定められている。したがって，これ以外の手当はすべて理由のいかんを問わず，割増賃金の基礎となる賃金であることから，基本給扱いとして基本給に加算してプロット図を描かなければならない。

整理統合しなければならない手当の種類と概念については「第7ステップ：諸手当の再確認」で後述する。基本給プロット図に，ハンドで描いたモデル基本給線から読み取り，昇格資格年齢にセットした基本給額を例示すれば，次のとおりとなる。

▶図表3-1　A社　職能・役割等級別モデル基本給表

資格等級	モデル昇格年齢	モデル滞留年数	職能・役割	基本給額（単位：円）	基本給ピッチ（単位：円）
5	44歳		部長クラス	298,700	ー
4	37歳	⑦	課長クラス	261,300	5,500
3	30歳	⑦	係長クラス	229,400	4,500
2	23歳	⑦	上級一般社員	199,750	4,200
1	18歳	⑤	初任一般社員	181,000	3,750

3）　職能・役割等級別基本給ピッチの計算（第6のステップ）

賃金表のベースの策定は基本給ピッチの計算から始まる。それぞれの企業の実在者基本給の分布状況を確認する。そして，同業他社，同地域他社，一般公表資料などから自社の賃金水準になじむベースを探してその賃金額を例示し，

第5ステップでの「職能・役割等級別モデル基本給表」の基本給額欄に記入していく。

　基本給ピッチとは初任給から始まった賃金が，その後どういう速度で，つまり角度で上昇していくのか，基本給モデルにおける1歳当たりの平均賃金格差，いわゆる賃金の傾斜をいう。別の言い方をすれば，ピッチとはまさにその企業の賃金パワー，性能を示すもので，賃金診断のうえでも大変重要である。基本給ピッチは，通常は40歳標準的課長の基本給から18歳高卒または，20歳短大卒，22歳大卒の初任給を差し引き，その残高を高卒の場合は22，大卒の場合は18で割って計算をする。

　A社では課長クラスを37歳としているので，18歳高卒を採用している企業として基本給ピッチを計算すると，37歳課長クラスの賃金261,300円－高卒初任給181,000円＝80,300円÷19年（18歳から37歳までは19年）＝基本給ピッチ4,226円≒4,200円となる。したがって，本来の基本給ピッチは4,200円である。

　今日のモデル賃金は，ほぼ18歳から40歳までは直線に近い傾斜を示し，40歳を過ぎる頃から緩やかな下降線カーブになる。実際に実在者の賃金分布を見ると，40歳を支点に勤務成績などにより相当のばらつき（賃金の高い者，緩やかな下降カーブに位置する者，低い者）が生じているのが普通である。したがって，1つの流れをつかむには，ばらつきの少ない分布点を捕まえて計算する必要がある。また，40歳といえば一般的には課長職であるが，各企業の実態によって異なるので，40歳前後の標準的係長，または課長職のプロット点を把握して計算することになる。

　自社のピッチが他社よりも小さい場合は次のような原因が考えられる。
①諸手当の割合が多すぎる
②初任給が高すぎる
③中高年層の賃金が低い
対応策としては，
①諸手当を整理して一部を基本給に吸収する
②同業他社，世間相場に合わせて中高年者賃金の是正
③初任給と35歳前後の賃金の適正格差

などをよく検討して，政策的に基本給ピッチを決めることが必要である。

例えば，35歳前後および中高年層の賃金が低い場合には，あるべき姿で基本給ピッチを策定すると必然的に移行原資が必要になる。理想の賃金線に改善するには1回では難しく，現実的な対応として3年程度の時間をかけて徐々に是正していくのが良いやり方である。

さて，図表3-2ではハンドで描いた基本給プロット図からポイント賃金額（基幹年齢＝モデル昇格年齢）を把握して，各資格等級ごとのピッチを計算している。ピッチは，1等級と2等級，2等級と3等級，3等級と4等級，4等級と5等級といった資格等級別の基本給額の格差をモデル滞留年数で除して計算をしている。

例えば，モデルでは資格等級1等級18歳が2等級に昇格するまで，1等級に5年間滞留する。1等級18歳の基本給額は181,000円，2等級に昇格すると23歳になっており，そのときの基本給額は199,750円，ピッチは2等級基本給額

▶図表3-2　A社　サラリースケールの計算　　　　　　　　　　　　（単位：円）

職能・役割資格等級	モデル昇格年齢・基幹年齢	モデル滞留年数	職能・役割層	初号賃金	基本給ピッチ	修正初号賃金	昇格昇給	習熟昇給
5	44歳		部長クラス	298,700	—	298,700	37,400	0
4	37歳	⑦	課長クラス	261,300	5,500	261,300	12,400	0
3	30歳	⑦	係長クラス	229,400	4,500	(227,900)	10,000	3,000
2	23歳	⑦	上級一般社員	199,750	4,200	(199,000)	6,000	2,700
1	18歳	⑤	初任一般社員	181,000	3,750	181,000	—	2,400

※（　　）内の数値は修正値

第3章　賃金体系のない中小企業の簡便な賃金表のつくり方　　97

199,750円 − 1等級基本給額181,000円 = 差額18,750円 ÷ 5年（モデル滞留年数）= 基本給ピッチ3,750円となる。以下，同様に計算し職能・役割等級別の基本給ピッチを計算している。

4） 賃金表の作成（その1～その8）（第7ステップ）

基本給プロット図から抽出した資格等級別モデル基本給額をもとに，賃金表を作成するポイントを次に示す。

能力・成果主義賃金の構成には，能力の高まりを評価する昇格昇給がある能力主義賃金（職能給）と，仕事に習熟した成果を評価する昇格昇給すなわち成果主義賃金（役割給，業績給，年俸制など）の2つがある。人材が育つまでは能力主義の職能給を，人材が育ち完全習熟に達し課長クラスになったら人材活用の成果主義賃金に切り替える。

40歳の完全習熟年齢になったら日本型成果主義賃金に切り替えるのが，これからの70歳就労時代のあるべき賃金であることを念頭に，次にサラリースケールの計算から賃金表に置き換える作業を順を追って見てみよう。

〈その1：基幹年齢の賃金額の確認〉

A社サラリースケールの計算（図表3-2）は，エリート社員（第二選抜群）がたどる賃金カーブ（第3四分位）である。今日誰でも部長や課長になれるわけではない。賃金レベルからみれば，第3四分位すなわち上から2番目の賃金の高さのモデル賃金であるから，多くの実在者はそれよりもより低い水準に分布していることに留意する。

基幹年齢，職能・役割等級は企業によって若干異なる。自社の部長，課長クラスの第二選抜群（普通の昇進よりやや早めの人）の年齢は何歳なのかを確認する。部長職位が50歳を超える場合は組織の若返りと活性化の観点から40歳代に改善見直しをすべきである。

〈その2：モデル滞留年数の設定〉

自社の部長職位に昇進する年齢（第二選抜群）をおさえる。同じように課長

職位，係長職位の年齢をおさえる。役職昇進についてはそれぞれの役割遂行の適齢期がある。世間一般の流れにも留意しながら自社の実態やニーズを踏まえて役職昇進年齢をおさえることによって必然的に滞留年数が決まる。初任一般社員，上級一般社員の滞留年数は係長昇進年齢との兼ね合いをみて一般社員業務を何年で卒業すべきか，ハンドで描いた賃金カーブ（縦軸は賃金，横軸は年齢）も確認しながら期待像で滞留年数を決める。

〈その３：は修正初号賃金の算定〉

　ハンドで描いた賃金カーブから確認をした基幹年齢ポイントの賃金が初号賃金である。しかし，この賃金カーブはあくまでも理想の形であり，実際の各人別賃金を落とし込んでいくと，いくつかの矛盾点にぶつかる場合がある。

　A社サラリースケールの計算（図表3-2）をご覧いただきたい。

　賃金カーブからつかんだ理想形のポイント賃金をもとに，資格等級２等級と３等級の２箇所で修正している。修正をしないと習熟昇給額が２等級と３等級で逆転をするからである。習熟昇給とは，同じ仕事に数年従事していれば，どんなにもの覚えの悪い者でも少しは習熟する，その成長賃金のことであり，この習熟昇給を取り入れた制度を定昇制度と呼んでいる。この定昇が係長クラスのほうが上級一般社員よりも低いことは理論的に説明ができないため，２等級上級一般社員の初号賃金を若干下げて２等級と３等級の初号賃金の格差を広げ，習熟昇給の逆転現象を修正している。

　習熟昇給と綿密に関係するのが昇格昇給であるが，昇格昇給額の算定は２等級，３等級は政策値として設定している。図表3-2では２等級から３等級の係長クラス昇格時に昇格昇給額（臨時昇給額）を10,000円とセットしている。これは全くの政策であり，筆者は係長クラスに昇格すれば一般社員と比べて最低でも10,000円の基本給差があってしかるべきと考えてセットした。

　さて，４等級課長クラスともなれば12,000〜13,000円程度は係長クラスと基本給差があるのは当然と考える。例示で昇格昇給額に端数が生じているのは，ハンドで描いた４等級課長クラス基幹年齢の初号賃金に合わせるために計算して生じた端数である。５等級部長クラスの昇格昇給も同様である。

4等級昇格時の昇格昇給の計算方法は、4等級初号賃金261,300円－3等級修正初号賃金227,900円＝残額33,400円－3等級習熟昇給3,000円×モデル滞留年数7年分＝12,400円となり、この残額12,400円を昇格昇給としてセットする。
　同じく5等級初号賃金298,700円－4等級初号賃金261,300円＝残額37,400円－4等級習熟昇給0円×モデル滞留年数7年分＝37,400円の残額を昇格昇給としてセットする。

〈その4：習熟昇給の取扱い〉
　図表3-2でご覧いただいたように、資格等級4等級、5等級のクラスともなれば、習熟昇給0円とするのは至極当然のことであろう。部課長クラスで、毎日、定型業務の繰り返しで賃金が上がっていく状態では、企業のさらなる成長は望むべきもない。新たな仕事の創造、利益貢献度のチャレンジと成果獲得により賃金が上がる役割を持つクラスである。
　したがって、習熟昇給部分の昇給額をすべて昇格昇給に上乗せして、昇格をしたときに一気に臨時昇給をさせるのが管理職クラスの賃金である。

〈その5：賃金表の作成の仕方〉
　ここではA社のサラリースケール計算（図表3-2）をもとに、賃金表の作成の仕方を説明する。まず、サラリースケールの枠組みを確認する。シングルレートか、レンジレートか、どのようなスタイルになっているかの確認である。
　一般的にはレンジレートが多い。職能給は職能資格等級制度をベースにした卒業方式であるから、同じ2等級といっても、2等級になったばかりの者もいれば、おおむね2等級の力を身につけた者、あるいは十分に2等級の能力を満たし終わり昇格を待っている者など、さまざまな能力者が在級している。職能給の基本は範囲給であり、そのレンジレートの形態は「初号賃金～習熟昇給～上限賃金～張り出し昇給」で表示されている。
　次に資格等級間のレートの関係は開差型にするか、接続型にするか、それとも重複型にするかである。
　理論的には接続型か開差型だが、職能給移行時には穏やかに職能給に置き換

えるため，現実型としては重複型にしたほうがよい。重複型はレンジレートの幅が広がり，格付け等級のはみ出し者が少なくなるメリットがある。しかし，このやり方だと2等級者が3等級初号賃金を上回るなどの矛盾点が生じる。

　A社は接続型を選択したので，賃金の逆転現象はない。

　検討すべき点は，等級内における昇給カーブの形である。昇給カーブは凸型，凹型，直線型の3つがある。本来，1つの等級に長く滞留すれば，能力の伸びは逓減するのが普通であり，昇給額も逓減するのが普通である。そうであれば，逓減を前提にして凸型カーブが望ましいということになる。このように，資格等級別にそれぞれの枠組みを決めておく必要がある。職能給のレンジレートでは，同じ資格等級にとどまり賃金が上限に達したときには昇給はストップし，該当者はベアのみの昇給となる。これが本来の姿であるが，年功賃金からの乗換え時には，上限賃金を超えても昇給を行わなければならないときがある。こうした上限を超えての昇給を「張り出し昇給」という。この張り出し昇給は一種の救済処置であり，職能給が上限近くに位置づけられている者，または上限賃金を超えた者がいる場合，いきなり昇給を止めると不満を訴える者がいるかもしれないなどを想定して，お情け賃金として設定した賃金である。

　最後に，A社では4等級以上者の習熟昇給額を0円としている。このことは4等級以上者には職能資格等級制度ではなく役割等級制度（日本型成果主義賃金）を導入していることを示している。1～3等級までは職能給，4～5等級は役割給の昇格昇給額を明示している。昇格したときに臨時昇給する仕組みで賃金表を策定している。尚，2～3等級社員については，修正初号賃金と習熟昇給額の2つをもって展開する。

　A社サラリースケールの計算（図表3-2）の数値を使い，具体的に賃金表の作成の仕方を見てみよう。

　賃金には，生活保障の原則（年齢給）と労働対価の原則（職能給）の2つの性格があり，これらを踏まえて理論的に構築するのが本来だが，賃金の概念がない中小企業において賃金制度を導入することは，経営にとっても大変なリスクを抱えることになる。理論はさておき，まず賃金表をつくり，定昇制度を持ち込むことで社員も安心して働くことができ，また働く励みにもなる。それに

伴い労使ともに緊張感を持つ努力が必要になる。

　A社の賃金表は職能給（定昇）と役割給（昇格昇給＝臨時昇給）の賃金表であり，生活保障の賃金がなかった（年齢給表の展開）。賃金体系を持つ大・中堅企業では年齢給表（定昇）と職能給表（定昇）の2つの賃金表がある。

　職能給（定昇）の賃金表には号俸表，昇給表，段階号俸表そして複数賃率表の4つのパターンがある。その中からA社は，段階号俸表（開差型）を選択していた。しかし，資格等級4等級課長クラス以上，5等級部長クラス以上者は同一資格等級内の昇格昇給（臨時昇給）とし，通常の職能給定昇はストップとする。または40歳以上の完全習熟年齢に達した一般社員と係長クラスについては，同一資格等級内の定昇はストップとしている。

　A社では賃金表の選択に当たって，労働対価による査定ありの昇給表（図表3-3），段階号俸表（図表3-5）そして複数賃率表（図表3-6）の3つと，査定なしで毎年1号づつ昇給する号俸表（図表3-7）の4つを作成し，シミュレーションの結果や経営の実力，企業ニーズを踏まえて最終的に段階号俸表（図表3-5）を選択している。

　賃金表は1～3等級まで作成し，4等級，5等級は習熟昇給はなく昇格昇給（臨時昇給）として昇給する3つの号俸賃金が示されている。したがって，1～3等級まではレンジレートで，4等級，5等級は役割給のシングルレートで3つの号俸賃金を表示している（図表3-5）。具体的な賃金表のつくり方は「職能給賃金表の作成」に準じるので80頁を参照されたい。

▶図表3-3　昇給表

1割展開［査定累積型，大企業型］　　　　　　　　　　　　　　　　（単位：円）

資格等級＼考課	S	A	B	C	D	初号賃金～上限賃金
1	3,000	2,700	2,400	2,100	1,800	181,000～193,000まで
2	3,300	3,000	2,700	2,400	2,100	199,000～217,900まで
3	3,600	3,300	3,000	2,700	2,400	227,900～248,900まで

4等級以上は習熟昇給による昇給はない。昇格昇給のみ実施する。

▶図表3-4　昇格昇給（臨時昇給）

昇格時（臨時）に次の昇格昇給額が現給に加算される

資格等級（昇格）	昇格昇給額（円）
1→2	6,000
2→3	10,000
3→4	12,400
4→5	37,400

4等級以上者の昇格昇給は上記昇格昇給のほかに4等級2号，3号，5等級2号，3号の号俸表を政策賃金として策定し臨時昇給する仕組みをつくっている。

▶図表3-5　段階号俸表（開差型）

段階号俸表（標準5号昇給）　賃金表の一部を掲載［査定累積型，中堅企業型］　　（単位：円）

号俸＼資格等級	1	2	3	4	5
1	181,000	199,000	227,900	261,300	298,700
2	181,480	199,540	228,500	279,950	317,350
3	181,960	200,080	229,100	298,600	336,000
4	182,440	200,620	229,700	－	－
5	182,920	201,160	230,300	－	－
⑥	183,400	201,700	230,900	－	－
7	183,880	202,240	231,500	－	－
8	184,360	202,780	232,100	－	－
9	184,840	203,320	232,700	－	－
10	185,320	203,860	233,300	－	－
上限賃金	193,000まで	217,900まで	248,900まで		

▶図表3-6　複数賃率表3等級，4段階一致

賃金表の一部を掲載［人事考課，完全キャンセル型］　　　　　　　　　（単位：円）

号俸＼考課	S	A	B	C	D
1	229,400	228,650	227,900	227,150	226,400
2	232,400	231,650	230,900	230,150	229,400
3	235,400	234,650	233,900	233,150	232,400
4	238,400	237,650	236,900	236,150	235,400
5	241,400	240,650	239,900	239,150	238,400
6	244,400	243,650	242,900	242,150	241,400
7	247,400	246,650	245,900	245,150	244,400
8	250,400	249,650	248,900	248,150	247,400

▶図表3-7　号俸表

賃金表の一部を掲載［査定なし，公務員型］　　　　　　　　　　　（単位：円）

号俸＼資格等級	1	2	3	4	5
1	181,000	(199,000)	(227,900)	261,300	298,700
2	183,400	201,700	230,900	279,950	317,350
3	185,800	204,400	233,900	298,600	336,000
4	188,200	207,100	236,900	－	－
5	190,600	209,800	239,900	－	－
6	193,000	212,500	242,900	－	－
7	195,400	215,200	245,900	－	－

　以上が賃金体系を持たない中小企業の賃金表のつくり方である。賃金理論どおりに完成された賃金表でなくても，どんな仕事ができればいくらの賃金がもらえるのか，キャリア開発の努力が明示できる賃金表である。このように，まず，賃金表をつくる。賃金表の作成は労使に夢と希望を与える原点である。

〈その6：生涯賃金カーブの考慮〉
　賃金体系を持たない中小企業における簡単な賃金表のつくり方を述べてきた。人手不足が極まる中で人材採用，定着，活用と企業の発展のためにも，賃金表

の作成と公開はこれからの企業発展の礎であり経営戦略として重要である。

特に，若手人材確保が難しい中小企業では，熟年シニア社員の有効活用は焦眉の急である。シニア社員の人事処遇において大切なことは，生涯ベースでのキャリア形成と70歳，人によっては生涯就労を見つめた人事処遇設計を進めることである。シニア社員といえども賃金表もないような企業に優秀な人材が定着するはずもない。

すなわち，シニア社員の賃金体系は「現役社員から続く生涯労働のモデル賃金のあり方」から考えて構築することが大切で，そのほうが理論的にも説明がしやすい。70歳就労，さらには生涯現役時代に向けての賃金は，現役社員の賃金を受け継いで定昇制度や賃金カーブを抑制，修正する必要があり，また従来の年功凹型カーブから働きの凸型技能・習熟カーブに転換していく考え方が必要である。

60歳以上，65歳以上のシニア社員の月収金額については，現実的に「高齢者雇用継続給付金」と「在職老齢年金」との兼ね合いも含めて生涯賃金を計算し，それを年代別にどう賃金配分をしていくかが課題になる。シニア社員の働きがい，生きがいを考慮すれば，60歳〜65歳までの年収は在職老齢年金を含めて60歳時点での年収を維持できればよいと思う。

〈その7：諸手当の再確認〉

賃金には基本給のほかに付随する賃金として諸手当があるが，その中でも絶えず額が変動するものと変動しないものがある。また，手当の算定基礎額の違いによって異なった手当額となるものがある。特殊作業手当のように手当額そのものは変動しないが，作業をしたか否かによって支給されたりされなかったりする手当もある。このように，手当はそれぞれの性格を持ち賃金体系を構成している。

最後に諸手当を取り上げたのは，中小企業においては実に多くの手当が支給されているからである。先述したように，割増賃金の基礎となる賃金には算入しなくてもよい手当は，労働基準法第37条第5項の規定によって定められている。自社の諸手当の中に労基法で基本給取扱いとされる手当はないか，再確認

する必要がある。また、手当の支給は受給条件を満たす人に支払うものであることを念頭に、理屈に合わない手当を支給していないかをチェックしてみる必要もある。

賃金体系はできるだけシンプルに、基本給はできるだけ厚くして、諸手当をなるべく少なくしたほうが基本給は安定したものになる。そのうえで、各人の個人的な受給条件（労働条件や生活条件）の差を手当で処理するのが賃金の基本的な考え方である。

今や所定内（基準内）賃金に占める諸手当の比率は約15％であり、その中の10％が生活関連手当である。手当にもいろいろあるが、意味ある手当とはなにかを考え、問題がある場合は規定を改定整理していくことが必要である。

例えば、「住宅手当は、持家、借家で独立生計を営む持家、借家に住む世帯主、準世帯主に支給する」という規定がある。このとき、親の家に住む独身社員に準世帯主扱いで住宅手当を支給しているケースは明らかに手当支給規定の趣旨に反するものである。手当をその性格別に分類してみると次のようになる。

① **生活関連手当**

家族手当

家族手当は、今日的にみて扶養家族のある者に支給し、世帯賃金をカバーするものであり、手当の中でも最も重要な項目といえるものである。多くの労働者が世帯ミニマム（世帯最低生計費）を満たすことが難しい現状において、年齢給（定昇）制度を取り入れている企業では、年齢給に家族手当を上乗せすると世帯ミニマムをカバーすることができるケースが多い。今日の生計費事情から配偶者18,000円、配偶者を除く1人目が6,000円、2人目6,000円、3人目6,000円とし、標準世帯で3万円前後は欲しい金額である。

なお、家族手当には、残業手当の算定基礎に入れなくてもよい、受給条件を満たす人だけに支給できる、などの特徴がある。

地域手当

地域手当の支給は、勤務地の物価または賃金相場の格差を考慮した手当である。最近は、住宅費の都会と地方の地域格差が大きい。その他、労働力の需給関係からの賃金格差がある。基本給は全国水準で設計し、それに地域格差（住

宅費，暖房費など）を手当で上乗せし是正をするのがベターである。

住宅手当

住宅手当は，地域手当と類似している点もある。全国展開をしている企業においては，大都市と地方都市の住宅費格差は地域手当で処理したほうが理屈に合っている。賃金体系で年齢給を導入している企業では，年齢給は生計費として位置づけられ，住宅費も包含しているのでダブル支給になる。

通勤手当

通勤手当は現物給付に該当するもので，実費弁済手当である。したがって，距離制限なしの支給にしたい手当であるが，金額による制限を定めている企業が半数以上あるのが実態である。通勤手当の非課税限度額は2016年1月1日以後の適用では「1カ月あたりの合理的な運賃等の額（交通機関を利用している人に支給する通勤用定期乗車券，最高限度150,000円）」であり，自動車や自転車などの交通用具を使用している人に支給する通勤手当は通勤距離ごとに細かく決められている。

単身赴任手当

単身赴任手当は，今日的家庭事情からして致し方ない手当である。精神的経済的な負担を補う費用，経済的不利益の弁済費用と見ることができる。

② **仕事関連手当**

特定労働のつらさや市場性の強い特定職種など，職種や役割などの仕事に関連して支給する手当である。

役付手当，管理職手当

役付手当，管理職手当には，「部下に対する慶弔金」，「時間外手当の見合い金」という2つの意味合いがある。その他，若干の職責料を含むと見ることができる。係長以下の役付者には，部下との付き合い料として基本給の5％程度を役付手当とし，課長以上の管理職にはその上に残業見合い分として10％程度を上乗せし，さらに慶弔金を加えて基本給の15％程度を管理職手当とするのが適切である。

役付手当，管理職手当を定額で支給している平均支給額は，部長77,000円，次長62,000円，課長47,000円，係長17,000円，主任11,000円（産労総合研究所，

2013年モデル賃金調査）となっている。

　役割などの仕事に関する手当には，原則として部下を持たない一匹狼といわれる専任職手当と専門職手当がある。専任職とは，ある特定分野業務について深い経験によって身につけた業務知識と技能を駆使して高い業績を挙げ続けている業務推進の名手といわれるベテラン職で，部下を持つ管理監督職系の手当額の約7割程度の支給が多い。原則として部下を持たないため，専任職手当には「部下に対する慶弔金」の支給はない。専任職手当に類似した手当に専門職手当がある。極めて高度な専門的な業務に従事する研究，企画開発の名手でスペシャリストといわれる人達である。新たな企画開発業務に従事し原則として部下を持たない。専門職手当は役付・管理職手当と同額か，それ以上の額を企業ニーズで支給している。シニア社員にも支給の可能性のある手当である。

　特殊職務手当
　特殊職務手当は，特定労働に対する辛さに対して支給するものである。

　特殊職種手当
　特殊職種手当は労働市場調整手当ともいわれ，現在でいえばIT技術者とか薬剤師など，需要と供給の社会的な影響が強い特定職種に支給される手当である。特に，昨今ではIT，AI，など極めて高度な情報化時代を迎え，技術者や技能人材，情報開発技術者の人手不足は目に余る状況にある。これらの職種該当者の賃金は一企業内で決めることは難しくなっており，世間相場賃金との格差を労働市場調整手当の名目で基本給とは切り離して別に手当で処理することが賃金の安定性からも適切である。シニア社員にも支給の可能性のある手当てである。

③　能力関連手当

　出勤率や貢献度をどう考えるかは別にしても，この手当は皆勤したことや何らかの資格を取ったことを褒め称える手当である。中身は別にして，勤務状態や何らかの資格を取得したその努力に対する手当であり，組織への利益貢献度（仕事成果への反映度）などとの関連については，いろいろと議論がある。

　精皆勤手当
　精皆勤手当は非正規社員，パート社員には有効であるが，正規社員には不要

として賃金制度改革時に基本給に吸収し廃止する企業が多い。精皆勤することは当然のことであり，出勤したこと自体褒め称えることではないからである。

資格免許手当

資格免許手当については，能力主義人事制度を導入している企業においては，この手当ては全く不要である。資格免許手当は知識，技術，技能とともに，職務遂行能力を構成する基本的な能力であるからである。職務の難易度は職能資格等級制度の職能給で評価している。

意味不明な手当はできるだけなくしていくことが望ましい。手当の支給については賃金体系や賃金カーブを描くもとになることから，法的に基本給扱いとされる手当は基本給に吸収してプロットを行い，基本給の水準を労使で再確認する。基本給のあり方と水準を検討し，確定することが大切である。

〈その8：所定内賃金ベースで最終確認〉

諸手当の検討を終え基本給ベースを確定し，最後に「意味ある手当」を加えて所定内賃金ベースを確認する。同業他社，同地域他社，一般公開資料等のモデルデータを所定内の賃金プロット図に書き込み，それぞれの年齢ポイント（該当者がいない場合はその前後年齢）に該当する社員（複数いればその平均，中位数などを算出）をピックアップし，準拠指標のモデル賃金水準と比較をする。少なくとも30歳，35歳，40歳の1人当たり賃金のベース確認をしっかりと行うことが大切である。

こうして，他社にも遜色なく，戦略も織り込んで賃金表を作成することが大切である。

最後に，所定内賃金プロット図に人事院の生計費ラインを書き込み，ハンドで描いた自社の所定内モデル賃金との比較を行う。

人事院では，給与勧告の基礎資料とするため，総務省「家計調査」などに基づき毎年4月分の費用別・世帯人員別の標準生計費を算出している。しかし，実際の家計はこうした生活費以外に所得税等の税金，社会保険料等の費用負担（非消費支出）のほか，住宅ローンの返済や預貯金などが加算されて構成されている。

賃金水準を検討する場合，手取り額ではなく税金，社会保険料を控除する前の名目額で把握するのが一般的である。したがって，生計費に少なくとも税，社会保険料などの非消費支出の部分を加えて賃金比較することが必要である。

　こうした生計費の修正を「負担費修正」と言っている。2016年の負担費割合は31.8％である。人事院の標準生計費にこの負担費割合〔1.318〕を乗じたものが「負担費修正後の標準生計費」となる（図表3-8）。

▶図表3-8　2018年4月人事院標準生計費〔全国〕　　　　　　　　　（単位：円）

区分	1人世帯〔18歳〕	2人世帯〔28歳〕	3人世帯〔32歳〕	4人世帯〔36歳〕	5人世帯〔40歳〕
人事院標準生計費（A）〔2018年4月〕	116,930	150,690	186,520	222,350	258,160
負担費修正生計費（B）（A×1.318）	154,114	198,610	245,834	293,057	340,255

　以上の検証を行い自社のモデル所定内賃金を確定する。

■注
1）中位数とは賃金の最低から最高賃金の間を4等分して下から最低，第1四分位，中位数，第3四分位，最高というように，下から丁度50％の位置づけの賃金であり平均や標準値ではないことに留意を要する。

第4章

シニア社員の業績反映賞与，成果配分賃金，年俸の支給

　シニア社員に賞与は支給すべきなのか。
　シニア社員への支払給与額は在職老齢年金の受給との兼ね合いから決めている企業が多い。在職老齢年金の支給は賞与を含めた年収ベースで計算され，年金停止額が決められる。すなわち，賃金が高いか低いかは，年収を見ないと判別ができない。
　これらから考えると，賞与も月単位に換算して月収を把握するのがよい。
　また，役割給，年俸制の導入等によって可変性豊かな賃金になることで，賞与，退職金計算の基礎給与が変動し，そのときによって運，不運が生じる。そのためか，基本給とは切り離した定額方式，ポイント制が急速に普及してきている。本章では，定額方式，ポイント制賞与の計算方式を例示を用いて解説する。
　一方，賞与とは別に，超過成果をつくり出したときに，その超過成果の一定割合を労使に配分する成果配分賃金制度がある。成果配分賃金は，成果目標達成に向けての社員の一致協力体制，組織一体化のマネジメントづくりに有効であり，対象者はシニア社員も含む全社員となる。

1 シニア社員への臨時給与の支払い

　シニア社員に賞与を支給するのか否か。
　労基法では「賃金は，毎月一回以上，一定の期日を定めて支払わなければならない。ただし，臨時に支払われる賃金，賞与その他これに準ずるもので厚生労働省令で定める賃金（第89条において「臨時の賃金等」という。）については，この限りでない」となっている。わが国では従来より一定期間（月）ごとに決まって支払われる月例賃金と区分して，夏季，冬季に一時金を支払う慣行があり，これを一般的に賞与と呼んでいる。その他，臨時給与，期末手当，夏季手当などをボーナスなどの名称で呼んでいる。
　この賞与は理論的に見れば臨時給与ということになるが，この臨時給与は2つの性格を持っている。その1つは月例賃金で果たし得なかった一時金としての性格であり，もう1つは業績のアップダウンを吸収する業績賞与の性格である。この2つの性格を踏まえた賞与は，月例賃金が果たし得ない役割を果たし得るだけではなく，企業業績に即応した賃金の支給を可能にするという意義を持っている。
　月例賃金には法的に企業の独自性を持ち込むことはできないが，業績賞与はかなり独自性を取り入れることができる。すなわち，賞与は月例賃金と違って，業績の良し悪るしで可変性豊かに賞与額（支給月数）を変動させることができる。また，賞与は非累積的で一過性の性格を持っている。
　さて，わが国の賞与は年間約5ヶ月分が支給されており，そのうち固定的生活一時金部分が3ヶ月，変動的業績反映部分が2ヶ月である。すなわち，平均的な企業においては，生活一時金3ヶ月が月例賃金の後払い的な性格を持ち，この部分については人事考課を行わず固定賞与として月例賃金に置き換えてみることができる。月例賃金のベースが低い企業では固定賞与原資を使い，世間相場や同業他社の水準に引き上げることがまず必要である。
　月例賃金の水準が世間相場や同業他社に比べて明らかに見劣りがする状態で

あるならば，シニア社員といえども賞与の支給を考えなければならないだろう。実務論として言えば，シニア社員にも働き甲斐，生きがいなどのモチベーション維持の面から人事考課を実施し，定額方式またはポイント制賞与（賃金と切り離した）の導入が必要と思われる。必ずしも額にとらわれる必要はなく，支払い原資枠は業績反映部分の原資枠からの配分とするのが適切と思われる。

2 シニア社員の業績反映賞与

　賞与の機能の基本的な考え方には，社会的慣行，月例賃金の後払い，生計費の赤字補填など生計費調整機能（生活一時金）と，もう1つは，成果配分，功労報酬，月例賃金の調整といわれる業績調整機能（業績反映賞与）の2つがある。これからの賞与の考え方は「業績調整機能」であり，「組織貢献・利益貢献」に応じて支給をする企業が大勢を占めている。

　また，従来の賞与支給計算は基本給（算定基礎給）をベースに，人事考課結果を反映して賞与額を算定する基本給連動型であったが，最近は基本給と切り離した定額方式またはポイント制賞与支給方式の適用が多い。能力・成果主義（日本型成果主義）人事制度への進行によって，賞与算定基礎給が可変性豊かな賃金になり，基本給連動では問題が多いためと推察される。

　さて，シニア社員への賞与の支給は，賞与の性格を成果配分や功労報奨などの業績調整機能と理論づけをするとすれば，額にはとらわれずにいくらかの賞与を支払うのが理屈であろう。シニア社員の賃金支払いを，あえて賞与額を明示せずに年収で計算して支払う企業が増えている。したがって，簡便な賞与支給基準は必要である。

　参考までに，定額方式（O社：図表4-1，4-2）とポイント制賞与（C社；図表4-3）によるシニア社員賞与支給表を次に掲載しておく。

▶図表4-1　O社　シニア社員，賞与支給定額基準表（例示）

夏季賞与定額表　　　　　　　　　　　　　　　　　　　　　　　　　　　　（単位：千円）

職種	資格等級	S	A	B+	B	B−	C	D
事務職	V（部長）職能	483,000	462,000	441,000	420,000	399,000	378,000	357,000
	IV（課長）職能	403,000	385,000	368,000	350,000	332,000	315,000	297,000
	III（係長）職能	334,000	319,000	305,000	290,000	275,000	261,000	246,000
	II（熟練）職能	276,000	264,000	252,000	240,000	228,000	216,000	204,000
	I（一般）職能	230,000	220,000	210,000	200,000	190,000	180,000	170,000

※資格等級についてはシニア社員再雇用時に過去の能力，業績を総合評価しI〜Vの5ランクに能力・実力の再評価を行い改めて新資格等級に格付をしている。V（部長）職能とは，再評価の結果，部長クラスの能力・実力ありと認定された資格等級であることを示す。

▶図表4-2　O社　シニア社員，賞与支給定額基準表（例示）

冬季賞与定額表　　　　　　　　　　　　　　　　　　　　　　　　　　　　（単位：千円）

職種	資格等級	S	A	B+	B	B−	C	D
事務職	V（部長）職能	506,000	484,000	462,000	440,000	418,000	396,000	374,000
	IV（課長）職能	426,000	407,000	389,000	370,000	351,000	333,000	314,000
	III（係長）職能	357,000	341,000	326,000	310,000	294,000	279,000	263,000
	II（熟練）職能	299,000	286,000	273,000	260,000	247,000	234,000	221,000
	I（一般）職能	25,3000	242,000	231,000	220,000	209,000	198,000	187,000

▶図表4-3　C社　シニア社員，賞与ポイント点数表（例示）　　　　　　　（単位：千円）

評価 等級	S	A	B	C	D
V	462	391	355	320	249
IV	397	332	281	255	214
	336	305	275	230	179
III	280	228	194	175	151
	237	215	193	158	123
II	189	160	138	125	102
	163	145	131	113	88
I	143	121	110	99	77
	130	110	100	90	70

賞与の総支給原資を計算し，各人が獲得したポイント点数に1点当たり単価を乗算し各人の賞与額を計算する。
- 賞与総原資の算定方法
　予定付加価値×労働分配率＝人件費枠－月例賃金など固定人件費総額×12ヶ月分＝予定賞与総原資枠
- ポイント単価の算出方法
　賞与総原資枠÷各人が獲得した総ポイント点数＝1点当たりのポイント単価
- 賞与配分の公式
　（管理職，V部長クラス，IV課長クラス）
　各人が獲得した賞与ポイント点数＋管理職貢献加算部分＝賞与支給額
　（監督職　III係長クラス）
　各人が獲得した賞与ポイント点数＋役職位貢献加算部分＝賞与支給額
　（一般職員IとIIクラス）
　各人が獲得した賞与ポイント点数＝賞与支給額
- ポイント制賞与の各人別賞与支給額の算定式
　各人が獲得した賞与ポイント点数×企業全体業績係数（×部門別係数）×1点当たりポイント単価×管理・監督職貢献加算部分係数×職種係数×出勤率＝各人別賞与支給額

3 シニア社員と成果配分賃金

　成果配分賃金とは，目標成果を明確にして目標を上回った成果（売上高や付加価値，経常利益などの超過成果）があった場合，その超過成果に対してあらかじめ設定した配分基準によって全社員（含むシニア社員）に配分するもので

ある。成果配分資金の機能としては、次の3つがある。

第1に、成果配分賃金は全社員の経営参加の機会づくりと積極的経営を狙った施策と言える。IT、AIの高度情報化の進展、国際化や企業ニーズの多様化など経営環境の変化がスピードアップしますます企業間競争が厳しくなる中で、自社の研究、企画開発力や生産性を高め競争力を強めていくことが重要になっている。成果配分賃金は、労使が一体になって経営参加することを促進する機能を持つ。その結果、社員全員がつくり出した成果を社員全員に還元する、それが成果配分である。すなわち、超過成果を非正規社員やアルバイト、パート社員にも還元し組織の一体感を図る。

第2に、賃金の調整機能を成果配分賃金に持たせようとする考え方がある。そうすることによって基本給を含めた月例賃金を安定化させることができる。

すなわち、基本的な賃金は可能な限り社会動向や世間相場に合わせて支給するが、売上高や利益などの変動部分は各企業の実態に照らして成果配分で対応することになる。

第3に、これからの厳しい経営環境の変化に対応するに当たって、自社の能力・役割給、すなわち人間基準の賃金の曖昧さを補完するため、成果配分賃金は一過性の賃金としても注目をされている。

シニア社員には賞与を支給しない企業が多いが、超過成果については、シニア社員の貢献もあるはずであり、その貢献を評価して賃金に反映すべきである。生産性向上の成果を配分する方法としては臨時給与（賞与や一時金）の配分が最もなじみやすく、シニア社員に配分しても現役社員の納得や理解を得やすいと考える。

また、成果配分賃金は、経営サイドから見ればさらなる業績向上を前提として導入される制度である。しかし、経営環境はあわただしく変動するので厳しい環境に陥った状況にも対応できるように、あらかじめ成果配分賃金の算定式の適用範囲や見直しのルールを定めておくことが必要である。

成果配分賃金といえども、賃金の社会性という観点から世間相場との関係を考慮するなど、全社員均等配分にするのか、それとも職種別に違えるのか、正規社員、非正規社員など社員の身分により違えるのか、きちんとした支給基準

をルール化し，上限，下限の支給月数を設定しておくことが大切である。

　目標とする成果指標は，全社員に分かりやすい指標であることが望ましい。また，どの職種，どんな仕事をしていても努力をすれば生産性向上に寄与できる共通の指標にすることが大切で，それらの考えから代表的な成果指標と算定方式を示せば次のとおりである。

---

① 付加価値人件費枠配分方式
　　成果配分原資＝（付加価値額×労働分配率）－支給済み賃金
② 売上高（または生産高）基準方式
　　成果配分原資＝（売上高－基準売上高）×配分係数
③ 付加価値額（または粗利益額）基準方式
　　成果配分原資＝（付加価値額－基準付加価値額）×配分係数
④ 経常利益額基準方式
　　成果配分原資＝（経常利益額－基準経常利益額）×（1－税率）×配分係数

　以上，シニア社員には賞与は支給なしとしても，　成果目標－達成成果＝超過成果×成果配分係数＝成果配分総原資　といった組織成果の配分算定式を労使で共有できれば，シニア社員や非正規社員にも成果配分賃金を支給することができる。算定式の選択に当たっては，経営サイドからすれば経常利益額や付加価値額方式を要望し，労働側は忙しく働いたことに対する目に見える成果として売上高（または生産高）方式の採用を主張することと思う。

　結果的に労使歩み寄りの接点は，付加価値を指標とする算定方式の採用となるのが一般的である。

　最後に成果配分賃金の導入は地域別，事業所別単位でもよい。目標達成に向けての社員との一致協力体制，組織一体化のための有効なマネジメントとなるであろう。

1） 成果評価の進め方

　成果主義賃金の導入に伴って，成果評価をいかに客観的，納得性のあるものにするか，また基準の作成が課題になる。成果評価は成果主義が主体の欧米では一般的な処遇基準であるが，わが国ではいまだに議論や批判が多い。能力・成果主義賃金の下で，成果評価は主に賞与中心に反映されてきたが，そのウエイトはそれ程大きいものではない。

2） 数値成果と布石成果の評価

　成果を獲得するためには経営方針や事業計画を立案し，方針や計画を具体化しておくことが必要である。結果として成果は個人の業績や企業の業績，部門業績の数値目標の達成度という形でとらえられるが，企業の成果という場合は単に数値目標の成果だけではない。

　研究，企画開発で新商品が開発されたとか，社会貢献ができる人材を育てたなど，いわば将来大きな企業成果につながる布石成果も含む。また，早期には数字成果を獲得できなくても，優秀な学卒新人を多数採用したなども，将来成果につながる布石成果ともいえる。このように成果という場合は，数字成果，期待成果のほかに社会的好感度の高まりや信頼性の高まりなどの質的成果もある。

3） 企業の成果と成功報酬

```
●組織が得た最終的果実が「成果」
●成果内容 ┌①数値成果
         ┤②社会的各種格付け成果
         └③将来的成果
●成果の還元 ┌成果配分賃金
           └成功報酬
```
※成果目標－達成成果＝超過成果×一定割合＝成果配分賃金

　数値成果は成果配分賃金や業績賞与，また年俸制で十分社員に報いることが

できるが，社会的各種格付け成果，将来的成果など質的成果は具体的な数字にならない限り賃金決定に結びつけることは難しい。そこで特定の行動が明らかに数値成果，社会的信頼成果，将来への期待成果に結びついたと思われるときには，その個人に対して賞与や年俸とは別に一定の報酬を支給することがある。これが成功報酬である。わが国では，これまで成功報酬のような考えはあまりなじみのない制度であった。しかし，社会が成熟化し企業の社会性が叫ばれるようになり，企業活動が国際化する中で成功報酬も処遇制度の1つとして広がっていくものと思われる。

　成功報酬に類する制度として，各企業には表彰制度や報奨制度などがある。しかし，これらは文字どおり表彰が狙いであり，処遇よりも名誉を付与するものであったと言える。また，付与する金額も「金一封」というように少額で成功報酬とは区分される。現在，成功報酬という処遇制度は表彰あるいは報奨制度の充実という形で取り入れられつつある。

　成功報酬として報奨制度を成功させるには，対象となる行動や活動を明確にすると共に，審査の基準を作成しておくことが必要である。

　仕事を離れた社会的な活動，例えばボランテイア活動，地域貢献なども対象に加えるべきであろう。これらの活動，貢献は経験豊かなシニア社員の得意分野でもある。成功報酬というと営業，研究・開発部門に偏りがちであるが，企業の業績ばかりではなく，社会貢献活動なども成果評価の1つに加えるのが時代のニーズでもある。

4 シニア社員と年俸制の導入

　年収1,075万円以上のエグゼンプト層を対象に政府が進めている脱時間給は組合側の反対で論議を重ねている。しかし，ここで取り上げるシニア社員対象の年俸制は賃金の支払い方法の1つ，人件費管理として検討するものであり，本来の高額所得者の年収管理とは大分性格が異なる。月給制は生活に必要な費

用（生計費）を保障するという性格が強く，1ヶ月いくらという形で賃金を決める。これに対し年俸制は，賞与を含めて年間の賃金を一括して決めるケースが多い。また，各人の業績を明確に反映することもできる。

1） 年俸制導入による人材活用の推進

各社の年俸制導入の主な狙いは，次のとおりである。
- 社員の意識改革…IT，AIなど高度情報化が進み知的労働が増加している中で，マニュアル通りにやればよい仕事は次々に機械化され，現場はホワイトカラー化が進んでいる。ホワイトカラーに求められるのは「仕事の質」，より高い専門性と創造力を発揮して成果（パフォーマンス）を獲得し組織に貢献することである。また，ホワイトカラーの曖昧な仕事を排除したいという意識改革も大切な目標である。
- 業績達成への意識づけ…月給制ではサラリーマン意識から脱し切れない。1人ひとりの役割・責任を明確にして，その業績に応じた個別管理の考え方を賃金に持ち込みたい。
- 優秀な人材の採用と活用…優秀な人材の採用と人材活用をダイナミックな契約主義の年俸により牽引する。
- チャレンジの意欲の引き出し…年俸は役割の高さとその達成度，つまり業績を上げることが大切であり，各人は自分に与えられた役割に対して高い意識と意欲が必要になる。その意欲を引き出す。
- 人件費の調整…高齢化の進行は必然的に人件費の増大に繋がる。そこで年俸制によって人件費のコントロールを行う。

以上は年俸制導入のメリットと読み替えることができる。逆にデメリットについてもいくつか列挙しておこう。
- 目先の業績を追う
- 実際に，良い仕事，悪い仕事がある。不公平感が高まる。
- 連帯感の喪失
- 成果を出せないホワイトカーの意欲低下
- 失敗を恐れる

● 後輩（部下）育成の軽視

などであるが，各企業がシニア社員に年俸制を導入する主たる狙いは，キャリア人材の活用と人件費管理の2点が本音と言えるだろう。

賃金の合言葉は，社員が育つまでは定昇制のある年齢給と職能給を，育った後は年齢給に代えて職責給または可変性のある役割給や業績給，または年俸制を，というように賃金を変えるのが時代のニーズである。また，こうすることにより中高年，シニア社員の有効活用をより一層促進することが可能になる。労使にとっても負担のない労働対価の賃金とすることができる。

2） 年俸制の設計，導入の実務

年俸制は賃金のマルメ方式や一過性の賃金方式ではない。諸手当の概念もない。同じ課長職位でも人により家族状況や住居状況などの違いがあっても基準金額を決め同一金額とする。年俸制計算のベースが家族の有無など属人的要素によって計算されるとすれば，それは実力や成果によるものではなくなり，最初から公正性を欠くことになる。年俸制導入のための基準賃金（職責給＋職能給）を設定し，この基準賃金をベースに基本年俸と業績年俸が算定されて年俸が決まる。年俸計算の公式は次のとおりである。

```
基本年俸＝基準賃金｛(職能給＋諸手当)＋職責給 or 役割給)｝×12ヶ月
業績年俸＝基準賃金｛(職能給＋諸手当)＋業績給｝×Xヶ月×個人業績考課
        係数×部門別（事業所別）業績考課係数×全社業績考課係数
```

上記は日本型年俸であるが，職責給か役割給・業績給か，どの賃金をベースに使うかによっても緊張感が異なる。

一般的に基本年俸と業績年俸の構成割合は，基本年俸は60％〜70％，業績年俸40％〜30％程度が適当である。一方，すべて業績によってアップダウンする完全（欧米型）年俸もある。どちらを選択するのか，本人による選択年俸制の方法もある。

その他，年俸制導入に関しての事務的なポイントを挙げれば，次のとおりで

ある。

①年俸の支払い…労働基準法によって「賃金は毎月1回以上支払わなければならない」と規定されている。毎月払いの原則

②賃金からの控除…税と社会保険料以外のものは勝手に控除することはできない。「賃金控除に関する協定」の労使協定が必要である。

③年俸の計算期間…決算年度に合わせて年俸の計算期間を決めるのが合理的であり、決算年度ごとの活躍ぶりを次の1年間の賃金に反映させる。計算期間を決めその期間中の給与（年俸）を決定したときは、組織の都合で一方的に期間の途中で年俸を変更することはできない。

④年俸制の変動幅…年俸制が定着するまでの当分の間、変動幅については上限、下限を設定するのがベターである。例えば、上限20％〜30％アップ、下限20％〜30％ダウン。

⑤時間外労働、遅刻、欠勤と年俸制…時間外労働時間の平均値を掴み、明確にしておくことが必要である。管理職クラスは深夜労働などの時間を明確にしておく必要がある。年俸制は「仕事」に対して賃金を支払う制度である。労働基準法では、遅刻、欠勤による賃金カット可、不可の規定はない。

⑥業績年俸の支給…支給当日在籍していない者に対して支給をしないという取扱いをするときは、年俸規定にその旨明記をしておくことが必要である。

⑦期の途中での年俸の減額…年俸の額を期間中に下げるときは、本人の同意取付けが必要である。また、合理的な理由がなければならない。

第5章

高年齢者雇用をめぐる留意点
~判例からその動向を探る~

　高年齢者雇用を進めるに当たって，留意しておかなければならない法律の概要を説明する。次いで，実際に高年齢者を雇用するに際して，いかなる点に注意しなければならないかについて，判例をもとにしたケーススタディを用いて考えていくこととする。
　最後に，高年齢者雇用に際して，今後いかなる課題が考えられるかについて検討する。

1 高年齢者雇用の基本的な考え方

　高年齢者雇用の基本となっている法律は，「高年齢者等の雇用の安定等に関する法律（以下，「高年齢者雇用安定法」という）」である（現時点での改正による施行は，2013年4月1日）。ここに，高年齢者雇用の基本的な考え方が記されている。

　同法の基本理念，すなわち高年齢者雇用の目指すべきところを端的に述べると，高年齢者はその意欲と能力に応じて就業の機会が確保されるべきであること，そして労働者自身にも能力の開発および向上，さらには健康の保持・増進のための努力が求められていることである[1]。同法はその基本的な考え方をもとに，高年齢者雇用について企業が行うべきことを記している。

2 どのように雇用するのか

　高年齢者雇用安定法は，定年を定める場合の年齢は60歳を下回ることはできないと規定している（8条）。つまり，企業が定年を定める場合，少なくとも60歳までは従業員を雇用しなければならないということである[2]。

　ところで，企業が60歳を超えて従業員を再雇用する場合，その期限は少なくとも，国の社会保障制度が老齢厚生年金を支給する年齢（一応の目安として65歳）に達するまでとされている。そして65歳までの雇用の確保について，高年齢者雇用安定法は，以下の3つの方法を取るべきであると記している（9条）[3]。

　①当該定年の引上げ
　②継続雇用制度（現に雇用している高年齢者が希望するときは，当該高年齢者をその定年後も引き続いて雇用する制度をいう。以下同じ。）の導入
　③当該定年の定めの廃止

①は，定年年齢の引上げを意味する。上述のように，企業が定年を定める場合，定年年齢は60歳を下回ることができない。それを踏まえたうえで，定年の年齢を引き上げていくということである。その際は，少なくとも定年は65歳まで引上げることが望ましいという意味が，この条文には込められている。

②は，60歳の定年後も従業員を雇用し続けるということである。高年齢者雇用安定法9条によれば，継続雇用の期限は少なくとも65歳までとすることが望ましいということを意味する。

③は，定年の定め自体を廃止することである。65歳という継続雇用の「節目」とも言える年齢にこだわることなく，従業員が働けるうちは働いてもらうという意味が込められている。

統計によれば，上記3つの施策の中で，②の継続雇用制度を採用している企業が最も多い。

以上のように，企業には，定年を迎えた労働者に対して，何らかの形での雇用延長措置を取ることが求められている[4]。

3 避けて通れない高年齢者雇用

厚生労働省は2015年に公表した「今後の高年齢者雇用対策について」において，高年齢者雇用安定法で定められた措置を実施していない企業に対しては，政府による指導を徹底することで，高年齢者雇用確保措置を確実に実施するようにしていく必要があると述べている[5]。

高年齢者雇用はすでに国の政策として広く宣伝されている。これを受けて，対策をまだ実施していない企業には，高年齢者雇用に対して積極的な取り組みが，今後は一層強く求められる。

しかし，高年齢者雇用を進めていくに当たっては，さまざまな問題がすでに顕在化している。本章では，高年齢者を雇用するに当たってどのような点に留意すればよいかについて，厚生労働省が公表している「高年齢者雇用安定法

Q&A」や，最近の主要な労働判例に基づきながら解説する。

4 | 高年齢者雇用で留意すべきポイント

1） 高年齢者雇用の資格要件

　企業は，高年齢者雇用確保措置の対象者を希望者全員としなければならない。ただし，健康上の問題がある従業員，勤務態度・勤務成績が著しく悪い従業員，退職事由に該当するような行為等を行った従業員に対しては，継続雇用をしないことができる[6]。

　つまり，継続雇用をせずに60歳定年により退職させることは無効かといえば，必ずしもそうではない。雇用延長について事業主に義務づけられているのは，高年齢者雇用確保措置を講じることであり，それは必ずしも65歳までの雇用を義務として保証することではない。例えば，心身の故障のため業務に耐えられないと認められること，勤務状況が著しく不良で引き続き従業員としての職責を果たしえないこと等，就業規則に定める解雇事由または退職事由（年齢に係るものを除く）に該当する場合には，継続雇用しないことができる。ただ，継続雇用に際して適切な制度の導入が行われたかについては公共職業安定所による調査の対象となり，もし適切に制度が導入されていないのであれば，公共職業安定所の指導の対象となる[7]。

2） 高年齢者雇用における使用者の裁量権

　判例は，高年齢者雇用安定法における使用者の裁量を広く認める傾向にある。ここでは判例をベースとしたケースにより，その傾向を示すこととする。

> **ケース1**
>
> 　従業員は定年後，定年前同じ内容の仕事（自動車運転）で別の会社に勤務していたが，従業員を含む満60歳以上の者の賃金額が，満60歳に達しない者の賃金額よりも合理的な理由なく低く定められており，これにより損害を被った旨を主張して，不法行為に基づき，従業員が得られなかった賃金の差額相当分及び慰謝料の支払を会社に請求した。
>
> 出典：慰謝料請求事件　年齢の差別による賃金の返還及び損害賠償請求事件　東京地裁平成28・8・25（労判1144号25頁）をもとに作成

　判例は，一般に企業が人材のいかなる属性等に着目して，どのような処遇を行うかは企業の経営判断に委ねられるべきものであり，高年齢者の労働条件をどのように設定するかについては，企業の裁量の余地が相当程度認められるべきであるという基本的スタンスを示している。

　本ケースは，自家用自動車管理業の事案である。この会社は，従業員の車両管理者の基本給与を決定するに当たっては，以下のような前提条件を考えていた。

① 自家用自動車管理業を安全かつ確実に行うため，責任感と優秀な技能を有すること

② 健康な若年層および中年層の車両管理者をより多く擁する必要があるとの認識や，高年齢者はさまざまな健康問題を抱えている場合が少なくないこと

③ 自動車運転にとって必要な能力，技能等は加齢とともに低下していくとの認識の下，若年層および中年層には高年齢者層に比べて手厚い処遇をすること

　このような考え方自体は，専任社員について満60歳での定年制，いわゆる終身雇用型の雇用制度を採用している会社が，専任社員より長い期間働く可能性が高い若い従業員を優遇するという点において一定の合理性があるものということができる。すなわち，この点についての会社の裁量権は相当程度あるとしている。よって裁判所は，年齢に応じて職務遂行能力が低下していくこと，終

身雇用型の雇用システムを採用する日本の企業では，より長く働く可能性のある若年者を高年齢者に比べて優遇することについて一定の理解を示している。

さらに説示は，わが国においては，ある企業において定年に達した者が同一のまたは別の企業で引き続き雇用されることを希望する場合，同一人物の賃金水準が，同一人物が定年に達する前のそれと比べて相当程度低く定められることは一般的にみられる事象ということができるとしている。このことは，高年齢者雇用安定法が，定年を迎えた者が再就職した場合のある月の賃金額が，同一人物が60歳に到達したときの賃金月額（原則として，60歳に到達する前6ヶ月間の平均賃金）の61％まで下がることを想定していることにも表れている。さらに，従業員は会社に在職中，現役専任社員のおおむね8割程度の年収を得ていたということ，その具体的な金額を併せて考慮すると，満60歳に達しない者との間の格差が不合理な差別であるとまでは言えないとしている。

総じて判例は，定年に達した従業員の賃金が定年前に比べて一定程度下がることを容認しており，不合理な格差があるという解釈をしていない。

なお，本ケースに特有の事由として，従業員は他社を定年退職した後，当社への就職を希望し，当社の労働条件を認識したうえで入社したこと，従業員はすでに他社から定年退職による退職金を受け取っており，当社への入社自体が実質的な再雇用であったことがある。これらを勘案すれば，従業員の年収概算額が専任社員の1年当たりの推定賃金額を下回ることを考慮しても，その差異が社会通念上不合理なものとまでは言い難いという判断が出されている。

本ケースは，これまでの日本の企業内で培われてきた慣行を反映した定年後の賃金の取扱いについての事案である。企業には高年齢者雇用安定法に基づく60歳定年以降の雇用の確保が求められているが，従業員をいかなる仕事に従事させるのか，また賃金水準をどの程度に決めるのかについて，裁判所は企業側の幅広い裁量権を認めている。

ただし「幅広い裁量権」とはいっても，企業側が恣意的に継続雇用を排除しようとするなど，本改正の趣旨や他の労働関連法規に反するもの，公序良俗に反するものは認められないとしている（p.159〜160にて詳説）。

したがって，企業側の裁量権は，「無制限に」認められているわけではない。

具体性と客観性に則った基準をもとに、経営者は再雇用を進めていかなければならない。

> **ケース2**
>
> 　会社の正社員であった社員が定年退職した後、会社が平成16年の「高年齢者雇用安定法」の改正を受けて導入したシニア社員制度におけるシニア社員（嘱託）として雇用された。しかし、同社員としての給与が正社員当時の給与と比較して極めて低額であることが違法であると主張して、会社に対し、従前の正社員当時と同額の賃金請求権に基づき、正社員とシニア社員としての給与の差額の支払を求めた
>
> 出典：未払賃金等請求控訴事件　大阪高判平成22・9・14（労判1144号74頁）をもとに作成

裁判所は以下のように説示している。

> 　会社における正社員とシニア社員の賃金額を比較すると、会社のシミュレーションによれば、シニア社員が所定内賃金に該当する支給項目に、残業手当30時間分、深夜手当100時間分と仮定した支給額を加算し、これが正社員の場合には43万円となることを前提に、シニア社員の賃金額は54.6％となると試算している。
> 　両者の賃金の格差は軽視できないけれども、問題はこれが高年齢者雇用安定法の趣旨を無にし、看過し難い公序良俗違反といえるほどの差に至っているか、あるいは、また労働契約法3条所定の均等待遇原則の観点に照らし、公序良俗違反といえるほどの差に至っているかである。
> 　高年齢者雇用安定法は、65歳までの継続雇用の義務化の段階的な実現を支援するため、労働者の60歳到達時の賃金月額を100として、60歳以降の賃金額が60歳到達時の賃金月額の25％以上下がった場合には高年齢雇用継続給付金を支給するとし、①61％未満の場合には60歳以後の賃金月額の15％、②61％から75％未満の場合には60歳以後の賃金月額の0～15％の額を支給するものとされており、法が75％以下となることを許容し、61％となることまでも具体的に細かく予測をした上で支給金の割合を決定しており、少なくとも同一企業内において賃金額自体を比較した場合には、制度上織り

> 込み済みというべきものでもある。また，均等待遇原則の観点からも，上記54.6％といった数字は，我が国労働市場の現況や，定年退職後の雇用状況に鑑みると，これが公序良俗に違反するとまで認めることは困難である。
> 　さらにいえば，同制度実施において，他社の扱いをみても，9割の企業が，勤務延長制度の採用や定年引き上げではなく，再雇用制度を取り入れており，しかもそのうちの44.4％の企業が定年到達時の年収の6，7割の，また20.4％の企業が定年到達時の年収の半分程度を予定して制度設計しているのであるから，この観点からみても，上記の差が全国の労使秩序の傾向上，特段に偏っていないとしている（数字はいずれも当時のもの）。
> 　別途の調査報告によっても，定年前と比較すると，労働条件の変更はないとする企業が圧倒的多数であるにもかかわらず，60歳を超えてからの賃金額は，定年前の50％から70％の間に73.8％が集中しており，そのうち60から69％の間とする企業が最も多く集中しているのであり，この観点からみても，会社にみられる上記の差が特段に偏っていないとしている（数字はいずれも当時のもの）。

　本ケースでは，正社員とシニア社員（再雇用者）との賃金格差は，均衡待遇の原則からも，公序良俗に反しているとは言えないとしている。また，正社員とシニア社員（再雇用者）との賃金の格差については会社が従業員の賃金を引き下げたとしても，高年齢雇用継続給付金を活用することにより，シニア社員は少なくとも正社員時代の75％の賃金は確保できるとしている。企業としても，ただ高年齢者の賃金を引き下げるのではなく，高年齢雇用継続給付金等の国の制度を活用することにより，何らかの補填ができる可能性を探っていくことが求められるところである。

3）　使用者の裁量権の制限

　上記のように，高年齢者雇用についての経営者の裁量には，具体性と客観性に基づくことが求められる。たとえ企業側が再雇用をしたくないと考えている社員であっても，企業自身が規定した基準に当てはまる場合は，再雇用することが義務づけられる。そのような事案として，以下のケースを見てみる。

> **ケース3**
>
> 　定年に達した後，引き続き1年間の嘱託雇用契約により雇用されていた従業員が，企業に対して同契約終了後の継続雇用を求めたものの拒絶された。従業員は，自分は企業が定めた「高年齢者雇用安定法」9条2項所定の「継続雇用基準」を満たす者を採用する旨の制度により再雇用された，などと主張して，企業を相手に雇用契約上の権利を有する地位にあることの確認ならびに同契約に基づき週40時間の労働時間に対応する額の賃金及びその遅延損害金の支払を求めた。
>
> 出典：地位確認等請求事件　津田電気計器事件・上告審　最一小判平成24・11・29（労判1064号13頁）をもとに作成

　会社は，会社が定めた基準を従業員は満たしていないとして，雇い止めは有効であると主張していた。しかし実際には，従業員は再雇用の基準である「0点」以上の成績を挙げていた。その事実を踏まえたうえで，原審（平成23年3月25日 大阪高裁判決 平22（ネ）3123号 地位確認等請求控訴事件，同附帯控訴事件）は，

> 　継続雇用の申込みをした労働者が本件規程所定の継続雇用基準を満たす場合，会社には継続雇用を承諾する義務が課せられており，これに反して会社が不承諾としたときには，その不承諾は使用者の権利濫用に当たり，再雇用契約が成立したものと扱われるべきである

としたうえで，

> 　従業員の地位確認請求及び原判決確定の日までの予備的賃金請求を認容すべき

とした。
　本判決は原審の解釈を踏襲して，

> 　期限の定めのない雇用契約及び定年後の嘱託雇用契約により会社に雇用されていた従業員は，在職中の業務実態及び業務能力に係る査定等の内容を本件規程所定の方法で点数化すると総点数が「1点」となり，本件規程所定の継続雇用基準である「0点以上」を満たすものであったから，従業員において嘱託雇用契約の終了後も雇用が継続されるものと期待することには合理的な理由があると認められる一方，会社においては，この従業員が継続雇用基準を満たしていないとして，再雇用をすることなく嘱託雇用契約の終期の到来により雇用が終了したものとする。このことは，客観的に合理的な理由を欠き，社会通念上も認められないものとしている。したがって，本件においては，高年齢者雇用安定法の趣旨等に鑑み，会社と従業員との間に，嘱託雇用契約の終了後も再雇用されたのと同様の雇用関係が存続している。その期限や賃金，労働時間等の労働条件については本件規程の定めに従うことになるものと解される[8]。

　本事案は，企業側による再雇用拒否が無効とされた事案である。企業にとって再雇用の対象としたくない従業員であっても，企業自身があらかじめ定めた客観的な基準を満たしていれば，再雇用しなければならないと裁判所は判断している。企業にとっては，再雇用のための基準作成時には，企業ニーズなど諸条件を勘案して作成することが大切である。

4） 継続雇用時に付与する仕事に対する見解の相違

　高年齢者の再雇用に当たっては，労働者の意欲・能力や健康状態を勘案し，かつ具体性・客観性に基づいていることを条件としたうえで，いかなる仕事に従事させるかについての裁量権が企業に付与されている。しかし，どの程度の裁量権まで認められるかの境界は明確でない場合も多い。そのことが問題となったケースを取り上げる。

> **ケース4**
>
> 　従業員が，会社に対し定年退職後に再雇用されなかったことに関して，

> ① 会社における再雇用の選定基準が不相当であり、高年齢者雇用安定法9条1項に反している状態にあるから、同条項に基づいて再雇用の希望のある従業員が満65歳に至るまでの雇用を確保するべきである
> ② 会社に再雇用の選定手続の違反がある
> ③ 従業員が会社における再雇用の選定基準を満たしているにもかかわらず、会社が従業員の再雇用を拒否することはできないことを理由として、従業員に対する再雇用拒否の通告は無効である

と主張し、従業員と会社との間の再雇用契約に基づいて従業員が雇用契約上の権利を有する地位にあることの確認と、就労を拒絶されている定年退職の日の翌日から本判決確定に至るまでの期間の遅延損害金の支払を求めた。

さらに、会社には雇用契約に基づいて労働者である原告の健康を配慮する義務を含む安全配慮義務があるにもかかわらず、通常受け容れられるはずの5年間の再雇用を拒否して、原告の心身の状況や従前の経歴を考慮せずに1年間の現業での雇用を提示するなどし、上記義務に違反したとして、雇用契約上の安全配慮義務違反（債務不履行）に基づく損害賠償を求めた。

出典：賃金等、損害賠償請求控訴事件　トヨタ自動車ほか事件　名古屋高判平成28・9・28（労判1146号22頁）をもとに作成

原審（平成28年1月7日 名古屋地裁岡崎支部 判決 平27（ワ）62号・平27（ワ）500号 賃金等請求事件（甲事件）、損害賠償請求事件（乙事件）（労判1146号22頁））は、

> 従業員の能力は事務職として再雇用されるレベルには至っていない。また、上司・同僚とのコミュニケーションも悪く、事務職として再雇用されるだけの資質を持っていない

ために、従業員にパート職を提示した会社の判断を支持した。原審を不服とした従業員は上告した。

上告審は原審を変更し、高年齢者に対して提示する仕事についての使用者の裁量権について、一定の制限をかけるような意向を示した。説示は以下のとおりである。

> 　高年齢者雇用安定法は，継続雇用の対象者を労使協定の定める基準で限定できる仕組みを廃止する一方，従前から労使協定で同基準を定めていた事業者については当該仕組みを残すこととしたものであるが，老齢厚生年金の報酬比例部分の支給開始年齢が引き上げられることにより（老齢厚生年金の定額部分の支給開始年齢は先行して引上げが行われている：筆者注），60歳の定年後，再雇用されない男性の一部に無年金・無収入の期間が生じるおそれがあることから，この空白期間を埋めて無年金・無収入の期間の発生を防ぐために，老齢厚生年金の報酬比例部分の受給開始年齢に到達した以降の者に限定して，労使協定で定める基準を用いることができるとしたものと考えられる。

ここで裁判所は，「高年齢者雇用安定法の趣旨は，60歳の定年後，老齢年金支給開始時期である65歳までの雇用の維持を企業に求めていることである」旨を確認している。

> 　そうすると，事業者においては，労使協定で定めた基準を満たさないため61歳以降の継続雇用が認められない従業員についても，60歳から61歳までの1年間は，その全員に対して継続雇用の機会を適正に与えるべきであって，定年後の継続雇用としてどのような労働条件を提示するかについては一定の裁量権があるとしても，
> 　① 提示した労働条件が，無年金・無収入の期間の発生を防ぐという趣旨に照らして到底容認できないような低額の給与水準であったり，
> 　② 社会通念に照らし当該労働者にとって到底受け入れ難いような職務内容を提示するなど実質的に継続雇用の機会を与えたとは認められない場合においては，当該事業者の対応は改正高年法の趣旨に明らかに反するものであるといわざるを得ない。

つまり会社は，60歳定年後から老齢厚生年金の支給期間までの従業員の収入を補完するために，それ相応の賃金を支払わなければ，社会通念上相当とはみなされないのである。

第1に，会社が従業員に対して提示した給与水準については，

> 　従業員がパートタイマーとして１年間再雇用されていた場合，賃金97万2,000円（４時間×243日×時給1,000円）の他に，賞与として年間29万9,500円が支給されたと推測されることが認められるから，従業員が主張する老齢厚生年金の報酬比例部分（148万7,500円）の約85％の収入が得られることになる。上記の給与等の支給見込額①に照らせば，無年金・無収入の期間の発生を防ぐという趣旨に照らして，到底容認できないような低額の給与水準であるということはできない。

と説示した。

　従業員の年齢によると，従業員は61歳から老齢厚生年金の報酬比例部分を受給できることになっている。従業員が60歳定年後に退職した場合に受け取れる老齢厚生年金の報酬比例部分と従業員が実際に受け取っていた賃金を比較した場合，後者は前者の85％であることから，従業員が受け取っていた賃金水準は，老齢厚生年金の支給開始時期までの雇用を維持するという社会保障制度の趣旨には反していないということである。再雇用時の報酬については，国の社会保障制度との整合性が求められていることは留意すべき点であろう。

　第２に，会社が従業員に与えた業務についての部分である。

　従業員は，もともとは事務職として就職し，60歳定年を迎えるまで一貫して事務職に従事していた。しかし，会社が従業員に対して提示した業務は，シュレッダー機ごみ袋交換および清掃（シュレッダー作業は除く），再生紙管理，業務用車掃除，清掃（フロアー内窓際棚，ロッカー等）というものである。つまり，従業員が従来従事していた事務職としての業務内容ではなく，いわゆる単純労務職としての業務内容であることが明らかである。

> 　高年齢者雇用安定法の趣旨からすると，会社は従業員に対し，その60歳以前の業務内容と異なった業務内容を示すことが許されることはいうまでもないが，両者が全く別個の職種に属するなど性質の異なったものである場合には，もはや継続雇用の実質を欠いており，むしろ通常解雇と新規採用の複合行為というほかないから，従前の職種全般について適格性を欠くなど通常解雇を相当とする事情がない限り，そのような業務内容を提示す

第５章　高年齢者雇用をめぐる留意点　135

> ることは許されないと解すべきである

との判断を裁判所は示している。

さらに、会社が従業員に提示した業務内容について下記のとおり述べている。

> 従業員のそれまでの職種に属するものとは全く異なった単純労務職としてのものであり、全く別個の職種に属する性質のものであると認められる。したがって、会社による提示は、従業員がいかなる事務職の業務についてもそれに耐えられないなど通常解雇に相当するような事情が認められない限り、高年齢者雇用安定法の趣旨に反する違法なものといわざるを得ない。
> 　会社は、従業員が本件選定基準（職務遂行能力及び勤務態度）に満たず、同僚や上司との平穏なコミュニケーション能力を欠き、さらに、1日4時間勤務で雇用期間も1年間のみという勤務形態を前提とすると、従業員については清掃等の業務以外の業務を提示することは困難であったなどと主張するが、上記選定基準に基づく評価は、従業員の従前の職務上の地位を前提としてのものであって、事務職全般についての従業員の適格性を検討したものではない。一方で会社において従業員について解雇の手続を取った形跡はなく、勤務規律及び遵守事項に違反する行為があったとして、けん責処分にしたにとどまるのであって、従業員の問題点が事務職全般についての適格性を欠くほどのものであるとは認識していなかったと考えられる。しかも、会社は、我が国有数の巨大企業であって事務職としての業務には多種多様なものがあると考えられるにもかかわらず、従前の業務を継続することや他の事務作業等を行うことなど、清掃業務等以外に提示できる事務職としての業務があるか否かについて十分な検討を行ったとは認め難い。これらのことからすると、従業員に対し清掃業務等の単純労働を提示したことは、あえて屈辱感を覚えるような業務を提示して、従業員が定年退職せざるを得ないように仕向けたものとの疑いさえ生ずるところである。
> 　したがって、従業員の従前の行動に会社が指摘するような問題点があることを考慮しても、会社の提示した業務内容は、社会通念に照らし労働者にとって到底受け入れ難いようなものであり、実質的に継続雇用の機会を与えたとは認められないのであって、改正高年法の趣旨に明らかに反する違法なものであり、会社の上記一連の対応は雇用契約上の債務不履行に当たるとともに不法行為である。

以上により，会社は従業員に対し，上記違法な対応により従業員が被った損害について債務不履行責任および不法行為責任を負うというべきであるとの結論が出されている。

　ここでは会社は，従業員の事務職としての能力が不十分であること，たとえ事務職としての能力が従業員にあったとしても，従業員が希望する時間帯に見合う事務職の業務が社内に存在しないことを根拠として，従業員に単純労務職の仕事を付与したと主張している。しかし，裁判所は，事務職としての能力がないのであれば，会社はそれを指摘して矯正させるなどの適切な行動を取るべきであったはずなのにそれを行わなかったこと，会社ほどの規模の大企業であれば，社内でよく探せば従業員にふさわしい事務職としての仕事は必ずあるはずなのに，会社は探す努力を怠ったとの指摘をしている。会社としては，従業員が60歳定年の前の時点から事務職としてふさわしくない人物という明確な証拠を示しておかなければならなかったのであろう。

　原審は，従業員の能力不足を理由として，会社の判断を妥当とした。しかし，控訴審では，会社ほどの大企業であれば事務職としての業務には多種多様なものがあると考えられるにもかかわらず，あえて単純労務職に従事させたことは，高年齢者雇用安定法の趣旨に反するとして，不法行為としている。

　定年後再雇用の際に，いかなる仕事に従事させるかについては企業の裁量に委ねられていることは裁判所も認めている。問題は，企業の裁量権はどこまで認められるかという点にある。本ケースでは，企業側が労働者にいかなる理由で当該業務を付与したかに対して具体性・客観性をもった説明が示されず，また労働者が求める業務での再雇用のために適性のある仕事を探すなどの積極的な行動を起こしていなかったという指摘を受けている。企業側としては，再雇用に際して，自身がいかなる行動を取ったのかについて，具体的・客観的な証明ができるように準備しておくことが求められよう。

5）　企業グループ内での継続雇用

　高年齢者雇用安定法Q&Aは，「(4)　継続雇用先の範囲の拡大」において，継続雇用先をグループ企業に拡大する際の留意点について記している。ここでは，

「Q5-6　継続雇用先の範囲をグループ会社まで拡大する特例を利用する場合，継続雇用制度の対象者を自社で雇用するか他社で雇用するかの基準を設けても構わないのですか」という問いについて検討する。

この問いについての回答は，「構わない」である。そもそも，高年齢者雇用安定法の趣旨は65歳までの雇用を維持することである。よって，そこで支払われる賃金が，**ケース2**で取り上げたように国の社会保障制度である老齢厚生年金からの支給額に比べて遜色のないものであれば，雇用が維持される限りにおいてはその方法は経営者の裁量権に委ねられる[9]。

ここで，グループ内での雇用維持のケースについて取り上げる。グループ内での異動後には労働条件が変わることがほとんどであり，争点になりやすい事案であることによる。

ケース5

会社は，平成13年4月以降，構造改革を策定して実施し，その一環として地域密着型の業務等を目的とする複数の子会社である新会社（グループ会社）を設立し，会社の業務の相当部分をグループ会社に業務委託することとした。それを踏まえて会社は，同年12月3日，平成15年3月31日までに満51歳以上となる従業員に次の二者択一の雇用形態を選択させることを含む，「雇用形態，処遇体系多様化の制度」を社長通達で通知し，実施した。
① 平成14年4月30日に会社を退職し，同年5月1日に同一都道府県内に所在するグループ会社に新規採用され，定年の60歳まで勤務した後，61歳以降は65歳までグループ会社の契約社員として再雇用される「退職・再雇用型」
② 会社に満60歳まで勤務した従業員は，その後は再雇用されない「満了型」

本件は，会社の従業員で，いずれも上記「満了型」を選択し又は選択したものとみなされた後，平成20年3月31日に満60歳の定年による退職日を迎えた従業員らほか5名（以下，従業員ら）が，60歳定年制を定め，定年後の継続雇用制度を定めていない会社の就業規則は，高年齢者雇用安定法9条1項に違反して無効であるから，従業員らは，会社の従業員たる地位を有しているとして，雇用契約上の権利を有する地位にあることの確認を

請求した。会社は，高年齢者雇用安定法9条1項に私法的効力はなく，また，本件制度は高年齢者雇用安定法9条1項2号の継続雇用制度に該当するなどと主張して争った。
　原審（平成21年11月16日 東京地裁 判決 平20（ワ）10628号 地位確認等請求事件）は，①高年齢者雇用安定法9条1項は私法的効力を有さず，また，②従業員らの主張が，会社が従業員に対して正当な理由もなく高年齢者雇用安定法9条1項に違反したまま従業員たる地位を否定する行為が不法行為を構成するというものと解釈できるとしても，本件制度が高年齢者雇用安定法9条1項2号の継続雇用制度に該当しないとはいえず，会社が同項に違反していると認める根拠はないとして，従業員の請求をすべて棄却した。これに対し，従業員が控訴した[10]。

出典：地位確認等請求控訴事件　NTT東日本（継続雇用制度）事件・控訴審　東京高判平成22・12・22（判時2126号133頁，労経速2095号3頁）をもとに作成

　まず，高年齢者雇用安定法9条1項の私法的効力について見てみる。

　ここでいう私法的効力とは，高年齢者雇用安定法9条1項は具体的に「こうすべき」という施策が記述されているわけではないので，それに違反したからといって即座に損害賠償を請求できるわけではないということである。

　裁判所は，高年齢者雇用安定法9条1項の規定は，これに違反した場合に，65歳未満の定年の定めを無効とする，私法的効力や強行性を有するものではないと判断している。

　　従業員は，同法9条1項は同法8条を土台にしたもので，8条・9条は高年齢者の雇用確保という目的のための連関した規定であり，ともに私法的効力を有する旨主張する。確かに8条・9条は，ともに高年齢者の雇用確保という目的のための規定であり，その意味で連関しているといえるが，8条は，事業主は定年の定めをする場合には，当該定年は「60歳を下回ることができない」と一義的，明確に規定しているのに対し，同法9条1項2号の継続雇用制度については，制度内容を一義的に規定せず，多様な制度を含み得る内容となっているため，直ちに私法上の効力を発生させるだけの具体性を備えているとはいえない。そして，同法9条1項が，このよ

> うに規定されているのは，雇用継続は，各企業，事業主の実情，若年労働者の雇用確保との均衡等に配慮し，各企業の自主性を尊重して，労使の工夫による自主的努力に委ねられるべきものであるとしたためと解される。
> 　また従業員は，各事業主の実情に応じた労使の工夫による柔軟な対応を認めたのは，実行しやすい選択肢を用意して65歳までの継続雇用確保措置について確実な履行を求めた趣旨であり，それさえ実施しない場合には私法的強行性を認めるべきであると主張する。しかし，同法は，9条1項の雇用確保措置が全く実施されず，あるいは何らかの問題がある場合であっても，10条[1]によって必要な指導及び助言，さらには高年齢者雇用確保措置を講ずべきことを勧告できると規定し，事業主の自主性に委ねることとしたものと解されるから，上記主張も採用することはできない。

　要は，高年齢者雇用安定法9条は継続雇用の義務を課すのみであり，それを具体的にいかに実施するかについては，企業の裁量権に委ねられている。よって，第9条に違反したからといって，直ちに私法的効力が問われるわけではないということである。ただし現在の高年齢者雇用安定法は，再雇用を希望する者全員に対して，何らかの形で65歳までの再雇用の機会を提供しなければならないと規定している。そのため，60歳で雇用関係が終了する当時の「満了型」を選択しておきながら改めて再雇用を求めてくる従業員にどう対応するかについては，検討の余地がある。特に現在は，従業員に対して何らかの形で65歳までは再雇用の機会を提供しなければならないので，その点を留意しておくべきである。

　次に，本件制度の高年齢者雇用安定法9条1項2号該当性について見てみる。裁判所は以下のように説示している。

> 　高年齢者雇用安定法は，定年の引上げ，継続雇用制度の導入等による高年齢者の安定した雇用の確保の促進，高年齢者等の再就職の促進，定年退職者その他の高年齢退職者に対する就業の機会の確保等の措置を総合的に講じ，もって高年齢者等の職業の安定その他福祉の増進を図るとともに，経済及び社会の発展に寄与することを目的とするものである（同1条）。そのため，同法9条1項は，65歳未満の定年の定めをしている事業主に対し，

> その雇用する高年齢者の65歳までの安定した雇用を確保するための措置として、定年の引上げ、定年の定めの廃止又は継続雇用制度の導入のいずれかを講じることを義務づけているが、いずれの措置についてもそれに伴う労働契約の具体的内容等については規定していない。そして、継続雇用制度の導入を規定する同項2号は、同制度について、現に雇用している高年齢者が希望するときは、当該高年齢者をその定年後も引き続いて雇用する制度をいうと定義づけるだけで、制度内容を一義的・具体的に規定せず、これらを総合して考慮すると、同法9条1項2号の継続雇用制度は、年金支給開始年齢である65歳までの安定した雇用機会の確保という同法の目的に反しない限り、各事業主において、その実情に応じ、同一事業主による継続雇用に限らず、同一企業グループ内による継続雇用を図ることを含む多様かつ柔軟な措置を講ずることを許容していると解される。また、賃金、労働時間等の労働条件についても、労働者の希望及び事業主の実情等を踏まえ、各企業の実情に応じた労使の工夫による多様で柔軟な形態を許容するものと解される。

　高年齢者雇用安定法9条1項2号は前述のように、60歳以上の再雇用について、3つの方法を示している。しかし、それを実現する方法については具体的な記述はなく、あくまでも企業の裁量に委ねられている。よって、企業には60歳以前と以後とで同一の企業に雇用することが求められているわけではなく、企業グループ内における他の企業での再雇用も許容されるのである。
　続けて裁判所は以下のように説示する。

> 　従業員は、グループ会社による再雇用は、親会社よりも経営上の安定性に欠ける蓋然性が高いから、雇用の安定性の要件を充たさないと主張するが、子会社より親会社の方が安定しているというのは単なる一般論の域を出るものではなく、本件において具体的にこれを認めるに足りる証拠はない。また従業員らは、グループ会社入社後の労働条件が劣悪であるから、雇用安定法9条1項2号の定める継続雇用制度に該当しないと主張する。しかし、継続雇用制度は事業主に一定の負担を強いるものであることから、同法は、継続雇用制度について事業主の実情等を踏まえた多様な雇用形態を許容し、同項2号が継続雇用制度によって確保されるべき労働条件まで規定していないことからすると、同法は労働条件について労働者の希望に

> 合致したものであることまでを要求するものではないと解されることは前記のとおりである。したがって，労働条件の低下だけをもって，直ちに継続雇用制度に該当しないとはいえない。

　上記のように，裁判所は，子会社の経営が親会社に比べて不安定であるという理由で子会社での再雇用に難色を示す従業員に対して，そのような理屈は「単なる一般論」の域を出るものではないとしている。そして

> 年金支給開始年齢である65歳までの安定した雇用機会の確保という同法の目的に反しない限り，各事業主において，その実情に応じ，同一事業主による継続雇用に限らず，同一企業グループ内による継続雇用を図ることを含む多様かつ柔軟な措置を講ずることを許容していると解される

と説示している。国が高年齢者雇用安定法を制定し，企業に定年後の雇用延長を求めた目的に則っている限りにおいては，経営者側が労働者をいかなる職場に配置するかについては，経営者側に裁量権が認められていることを示している。

　しかし，先述のように，企業が自らの裁量権で再雇用を実施する際には，「具体性・客観性」が認められる基準が求められていること，労働者の「意欲・能力」に配慮したという証明を示さなければ，雇用を確保するという理由で安易にさまざまな企業に異動させることには，今後は難しい問題が起こりうることに留意しておく必要があるだろう。

6） 企業再編に伴う継続雇用の条件の解釈と運用の可否

　次に，企業再編に伴う再雇用の条件の解釈と運用の可否についての事例をみる。

ケース6

> 60歳の定年後，嘱託社員として会社に雇用されていた従業員が，再雇用満了年齢（満65歳）に達した日の翌日である平成〇年〇月8日から同月30

日までの再雇用契約の更新を拒絶された。このことについて，就業規則等では再雇用満了年齢に達した月の月末までが再雇用期間とされているから，同月30日まで再雇用契約が更新されるものと期待することについて合理的な理由があり，上記更新拒絶には客観的合理性および社会的相当性が認められないなどと主張して，会社に対し，再雇用契約に基づき，同月8日から同月30日までの給与およびこれに対する遅延損害金の支払を求めた。同時に，上記再雇用契約の更新拒絶が不法行為を構成すると主張して，慰謝料10万円およびこれに対する同年〇月8日から支払済みまで民法所定の年5％の割合による遅延損害金の支払を求めた。

従業員はもともとA社に勤務していたが，A社は会社に吸収合併された。A社の規定では，再雇用満了年齢は満65歳に達した日であったが，会社の再雇用満了年齢は，満65歳に達した月の月末であった。そのために従業員は，再雇用の満了時期はA社ではなく会社の規定が採用されるとして争った。

出典：学究社事件　東京高判平成28・6・8（労判1143号25頁）をもとに作成

まず，労働条件の統一の有無等について見てみる。

裁判所は，会社の「定年後再雇用規程」について検討するに，会社の規程の定めを従業員の主張するように解すべきものとは認め難いとした。

> そもそも，従業員の主張を前提にすると，原則として1年ごとに更新される再雇用契約が，再雇用満了年齢（65歳）に達する場合のみ，その契約期間が再雇用満了年齢に達する月の月末まで当然に延長となるとするものであるか，再雇用契約の規定（3条）に反して再雇用満了年齢に達した後の更新を認めるものであり，筋道から余りにかけ離れたものといわざるを得ない。そうすると，従業員については，従業員が再雇用満了年齢に達するとともに，本件雇用契約において契約期間の終期と定められた平成〇年〇月7日をもって定年後の再雇用契約が終了したというべきである。
>
> 他方，A社の「定年再雇用規程」は「再雇用の期間は，原則として1年単位の有期雇用契約とし，更新時において…期間契約を更新する。但し，その上限は満65歳までとする」と規定しているから，同規程によれば，従業員が満65歳となった平成〇年〇月7日をもって定年となり，従業員の再雇用の期間が満了し，本件再雇用契約が終了することになることは明らか

> である。以上のとおり，A社の従業員であった当該従業員にも会社の「定年後再雇用規程」が適用されるのか，依然としてA社の「定年再雇用規程」が適用されるのかにかかわらず，当該従業員の再雇用契約の契約期間は，平成○年○月7日までであり，同月末日（同月30日）までとなる余地はない。

　要約すれば，従業員はもともとA社での規則に則り，従業員が満65歳となった平成○年○月7日をもって再雇用の期間が満了し，本件再雇用契約が終了することになっていた。それを，A社が会社に吸収合併されたからといって，会社の「定年後再雇用規程」の一部の文言のみを取り出し，その筋道から直ちに定年後の再雇用の終期である誕生日の月の月末が従業員についても当てはまるという解釈を単純に導くことはできないということである。
　次に，本件雇用契約の更新についての従業員の合理的期待の有無についての裁判所の判断をみる。

> 　従業員は，平成○年○月8日の満65歳に達した後もその月末まで本件雇用契約が更新されるとの合理的期待があった旨主張する。しかしながら，会社の「定年後再雇用規程」では，定年後の再雇用契約の終期が再雇用満了年齢に達した月の月末までとされているとの従業員の主張が失当であることは，上記の説示したとおりである。また，定年後の再雇用契約が例外的に1年未満の期間で更新されることがあるとしても，そのことから直ちに，被用者が再雇用満了年齢に達した後にその月の末日まで再雇用契約が更新されるとの期待があるということができるものでない。さらに，仮に従業員の担当していた業務が定年後も定年前と変更はなく，その担当していた業務の内容が従業員の退職と関係なく継続的に行われるものであったとしても，そのことからは，従業員が再雇用契約の契約期間の終了まで当該業務に従事する可能性が高いということができるとしても，従業員の再雇用契約の契約期間が再雇用満了年齢に達した月の末日までとなる可能性が高いということができるものではない。

　以上のように，従業員には再雇用終了時が誕生日の月の月末に変更されるという期待権は認められないということである。

まとめると，企業が吸収合併された場合においても，再雇用規程が直ちに必然的に合併先と統一されるわけではないということである。もっとも，企業合併の際にいかに労働条件を設定するかは，企業側の裁量権の余地が大きい。判例法理としては，合併先企業との労働条件の統一が自動的に行われることを認めてはいないが，実際に労働条件をどうするかについては，個々の企業の判断によるものと思われる。

7） 訴訟行為が再雇用に与える影響

　会社に対して訴訟を起こしたことが再雇用に影響を与えたケースについてみる。

ケース7

① 従業員Aは平成20年3月から平成28年3月17日まで，従業員Bは平成20年3月から平成28年4月17日まで，いずれも約8年間にわたり有期労働契約を締結，更新してきたものであり，その間の更新回数も少なくとも7回に上ること
② 従業員A，従業員Bが定年後に会社において従事していた業務内容（タクシー乗務員）は，定年前の正社員とほぼ同内容の業務であること
③ 本件供給契約は会社および関連会社の定年者を対象とし，供給労働者の上限年齢の制限はないこと
④ 従業員A，従業員Bが平成27年2月および同年3月に会社との間で取り交わした雇用契約書には，契約更新の有無について，列挙された判断基準に基づき判断する旨が明記されていること
などを踏まえると，従業員A，従業員Bにおいて，各有期労働契約の満了時に当該契約が「更新されるものと期待することについて合理的な理由がある」（労働契約法19条2号）と認めるのが相当である。

出典：国際自動車（再雇用更新拒絶・仮処分第1）事件　東京地判平成28・8・9　平成28年（ヨ）第21021号をもとに作成

　本ケースは，従業員A，従業員Bともに，定年後の再雇用の条件は満たしていたにも関わらず，従業員A，従業員Bが残業代の支払を求めて訴訟を起こした

第5章　高年齢者雇用をめぐる留意点　145

ことから，会社が従業員A，従業員Bの再雇用を拒否した。これに対して，裁判所は会社による再雇用拒否を違法と判断した。具体的には裁判所は以下のように説示している。

> ① 従業員らを含む本件組合の組合員ら58名が，平成28年1月12日，会社に対し，残業代等の支払を求める別件訴訟を提起したこと
> ② 平成28年1月26日に本件組合と会社との間で行われた団体交渉において会社は，会社を提訴するような従業員と再雇用契約や契約をするつもりは一切ない旨を明言し，実際に別件訴訟の原告となっている組合員については本件再雇用契約に基づく契約を一切していないこと
> ③ 会社は，平成28年2月16日付けで別件訴訟の原告となっている各組合員に対し，各人が原告として別件訴訟を提起したことを確認したとする通知書を送付したこと
> ④ 別件訴訟の原告となっていた組合員が会社に対する訴えを取り下げると，会社は平成28年2月8日付けで，同人に対する契約をしない旨の通知を撤回し，改めて契約をしていること
>
> の各事実が認められ，これらの事実を併せ考えると，会社が従業員らについて本件雇止めをした主たる理由は，従業員らが別件訴訟を提起した点にあると推認することが相当である。

会社は，訴訟を起こした従業員（本件では労働組合員）に対しては再雇用を認めず，訴訟から撤退した従業員については再雇用を認めた。そのことから，再雇用を実施するか否かについて，訴訟に参加したか否かを基準としたとして，会社の行為は不法行為と認定された。

さらに裁判所は，

> 　会社は，従業員が会社を提訴すること自体が労働契約の重大な不更新事由の一つであると主張するが，かかる主張は，裁判を受ける権利の保障（憲法32条）及び労働基準法の趣旨を無視する独自の見解といわざるを得ず，採用することができない。また，契約更新を拒絶するに足る客観的に合理的理由があり，社会通念上相当と認められる場合であれば，提訴の有無にかかわらず契約の不更新が違法とされることはないのであるから，会社の

> 主張は失当である。

とした。

　会社は再雇用契約の拒絶を会社に対する訴訟と結び付けたことにより，再雇用契約の拒絶を不法行為と判断された。その判断は，訴訟を取り下げた従業員と再雇用契約を結んだことが根拠となっている。もし再雇用契約をしたくない従業員がいるのであれば，説明できる証拠を個別従業員ごとに収集したうえで対処することが求められる。裁判を起こすことは日本国民としての権利である以上，訴訟と再雇用契約を含めた労働契約とを関連させて従業員に不利益を被らせることは，コンプライアンス上からも問題である。

8） 定年間近を理由に賃金を引き下げた問題点

　60歳定年後の再雇用において従業員にいかなる処遇を付与するかについては，ある程度は企業側の裁量権に委ねられていることは既述のとおりである。一方で，60歳定年後に大幅な労働条件変更が起こることを予想して，従業員が定年間近であることを理由としてその賃金を引き下げるということについては，いかに考えるべきか。ここで取り上げるケースは，この点が問題となったものである。

ケース8

> 　銀行の行員であった者らが，専任職制度の創設と改定のために行われた銀行の就業規則ならびに就業規則の性質を有する給与規程および役職制度運用規程（以下，これらを合わせて「就業規則等」という。）の変更はこれに同意しない行員らに対し効力を及ぼさないと主張して，銀行に対し，専任職への辞令および専任職としての給与辞令の各発令の無効確認，本件就業規則等変更を無効として計算した額の賃金の支払を受けるべき労働契約上の地位にあることの確認ならびに上記賃金の額から現実に支払われた賃金の額を差し引いた残額およびこれに対する遅延損害金の支払を求めたものである。

> 出典：地位確認等請求，仮執行の原状回復申立て事件　みちのく銀行事件・上告審最判平成12・9・7（民集54巻7号2075頁，労判787号6頁）をもとに作成

最高裁判所の判断は次のとおりである。

> 　新たな就業規則の作成又は変更によって労働者の既得の権利を奪い，労働者に不利益な労働条件を一方的に課することは，原則として許されない。しかし，労働条件の集合的処理，特にその統一的かつ画一的な決定を建前とする就業規則の性質からいって，当該規則条項が合理的なものである限り，個々の労働者において，これに同意しないことを理由として，その適用を拒むことは許されない。そして，当該規則条項が合理的なものであるとは，当該就業規則の作成又は変更が，その必要性及び内容の両面からみて，それによって労働者が被ることになる不利益の程度を考慮しても，なお当該労使関係における当該条項の法的規範性を是認することができるだけの合理性を有するものであることをいい，特に，賃金，退職金など労働者にとって重要な権利，労働条件に関し実質的な不利益を及ぼす就業規則の作成又は変更については，当該条項が，そのような不利益を労働者に法的に受忍させることを許容することができるだけの高度の必要性に基づいた合理的な内容のものである場合において，その効力を生ずるものというべきである。上記の合理性の有無は，具体的には，就業規則の変更によって労働者が被る不利益の程度，使用者側の変更の必要性の内容・程度，変更後の就業規則の内容自体の相当性，代償措置その他関連する他の労働条件の改善状況，労働組合等との交渉の経緯，他の労働組合又は他の従業員の対応，同種事項に関する我が国社会における一般的状況等を総合考慮して判断すべきである。以上は，当裁判所の判例の趣旨とするところである[12]。

　換言すれば，就業規則の変更に伴う労働条件の集団的な変更，すなわち個別同意を得ないで変更することができるか否かは，変更により個々の従業員に対してもたらされる不利益が，従業員に受け入れられるだけの合理性があるか否かによって判断されるべきであるということである。これは従来の判例の積み重ねによって確認されてきたことである。裁判所はこの考え方を本ケースに当

てはめて，以下のように説示している。

　銀行では発足時から60歳定年制であったのであるから，55歳以降にも所定の賃金を得られるということは，単なる期待にとどまるものではなく，該当労働者の労働条件の一部となっていたことでもある。行員らは，就業規則等変更の結果，専任職に発令され，基本給の凍結，上記発令後の業績給の削減，役職手当及び管理職手当の不支給並びに賞与の減額をされたのであるから，本件就業規則等変更が行員らの重要な労働条件を不利益に変更する部分を含むことは，明らかである。
　銀行は，60歳定年制の下で，基本的に年功序列型の賃金体系を維持していたところ，行員の高齢化が進みつつあり，他方，他の地銀では，従来定年年齢が自行よりも低かったため55歳以上の行員の割合が低く，その賃金水準も低レベルであったというのであるから，銀行としては，55歳以上の行員について，役職への配置等に関する組織改革とこれによる賃金の抑制を図る必要があったということができる。そして，上記事情に加え，銀行の経営効率を示す諸指標が全国の地銀の中で下位を低迷し，弱点のある経営体質を有していたことや，金融機関間の競争が進展しつつあったこと等を考え合わせると，本件就業規則等変更は，銀行にとって，高度の経営上の必要性があったということができる。
　しかしながら，高年層の従業員に対する賃金面の不利益をみると，他の従業員の基本給等が増額されても，55歳以上の者の賃金は増額されず，専任職に発令後は，基本給の約半額程度を占める業績給が50％削減され，3万ないし12万円程度とかなりの額である役職手当及び管理職手当が支給されなくなり，かつ，賞与の額も大きく減額されるものである。以上の変更による賃金の減額幅は，55歳に到達した年度，従来の役職，賃金の内容等によって異なるが，経過措置が適用されなくなる平成4年度以降は，本来得られたはずの標準賃金額に比べておおむね40数％程度から50数％程度に達することとなる。このような減額幅は考課等による格差に比べ格段に大きなものであって，その相当部分が本件就業規則等変更によるものと考えられる。
　もっとも，賃金が減額されても，これに相応した労働の減少が認められるのであれば，全体的にみた実質的な不利益は小さいことになる。しかし，行員らの場合，所定労働時間等の変更があるわけではない上，行員らの一部は，専任職発令の前後を通じてほぼ同じ職務を担当しており，行員らの

他の一部は，課長の肩書は外された事実はあるが，数十％の賃金削減を正当化するに足りるほどの職務の軽減が現実に図られているとはいえない。そうすると，労働の減少という観点から本件就業規則等変更による賃金面の不利益性を低く評価することは，本件では相当でない。

上記によれば，本件第一次変更及び本件第二次変更により行員らの被った賃金面における不利益は極めて重大であり，そのうち本件就業規則等変更による部分も，その程度が大きいものというべきである。

また，行員らは，段階的に賃金が増加するものとされていた賃金体系の下で長く就労を継続して50歳代に至ったところ，60歳の定年5年前で，賃金が頭打ちにされるどころか逆に半額に近い程度に切り下げられることになったものであり，これは，55歳定年の企業が定年を延長の上，延長後の賃金水準を低く抑える場合と同列に論ずることはできない。

以上のように，本件就業規則等変更は，変更の対象層，前記の賃金減額幅及び変更後の賃金水準に照らすと，高年層の行員につき雇用の継続や安定化等を図るものではなく，逆に，高年層の行員の労働条件をいわゆる定年後在職制度ないし嘱託制度に近いものに一方的に切り下げるものと評価せざるを得ない。また，本件では，前示のとおり，中堅層の賃金について格段の改善がされており，銀行の人件費全体も逆に上昇しているというのである。企業経営上，賃金水準切下げの差し迫った必要性があるのであれば，各層の従業員に応分の負担を負わせるのが通常であるところ，本件は，そのようなものではない。

本件における賃金体系の変更は，短期的にみれば，特定の層の従業員にのみ賃金コスト抑制の負担を負わせているものといわざるを得ず，その負担の程度も前示のように大幅な不利益を生じさせるものであり，それらの者は中堅層の労働条件の改善などといった利益を受けないまま退職の時期を迎えることとなるのである。就業規則の変更によってこのような制度の改正を行う場合には，一方的に不利益を受ける労働者について不利益性を緩和するなどの経過措置を設けることによる適切な救済を併せ図るべきであり，それがないままに右労働者に大きな不利益のみを受忍させることには，相当性がないものというほかはない。本件の経過措置は，前示の内容，程度に照らし，本件就業規則等変更の当時既に55歳に近づいていた行員にとっては，救済ないし緩和措置としての効果が十分ではなく，行員は，上記経過措置の適用にもかかわらず依然前記のような大幅な賃金の減額をされているものである。したがって，このような経過措置の下においては，

> 行員らとの関係で賃金面における本件就業規則等変更の内容の相当性を肯
> 定することはできないものといわざるを得ない。

　本ケースでは，55歳以上の高年齢者であるという理由で賃金を引き下げることは不利益変更であるために認められないとしている。定年年齢変更による不利益変更は認められないとする理由として，就業規則の変更による不利益変更に合理的な理由が見いだせないこと，中堅層の賃金が引き上げられている一方で，賃金を引き下げられた高齢の行員に対して代替措置が取られていない（もしくは代替措置の対象外）という理由づけがされている。

　60歳定年に備えて，定年前から賃金カーブを変更することを検討している企業も多い。しかし，従業員が受忍できないほどの大幅な変更は，判例法理上，認められるのは難しいと考えておくべきである。

　一方，これに関連した別のケースを挙げておく。

ケース9

> 　従来55歳定年としていた会社が，平成10年5月以降，改正後の高年齢者雇用安定法の施行に伴い60歳定年とし，併せて55歳に達した翌日から嘱託社員としてそれまでの従業員賃金とは別の給与体系とした。これを従業員に適用したことから，従業員らが，そのような55歳到達以降の大幅な給与減額による就業規則の変更は不利益変更にあたり無効であるとして，本来支給されるべき賃金額と実際に支給された賃金額との間の差額ならびに従業員らの一部の者らの時間外賃金に関する同様の差額について，会社に対し請求した。
>
> 出典：協和出版販売事件・控訴審　東京高判平成19・10・30（労判963号54頁）をもとに作成

　裁判所の判断は以下のとおりである。

> 　会社において，本件就業規則の変更までは，就業規則上は従業員の定年

は満55歳とし、定年に達した翌日をもって自然退職とされていたのであるから、従業員はそれ以降もそれ以前の賃金と同等の条件で就労できる権利はなかったものである。もっとも、旧嘱託制度が永年運用されていたが、旧嘱託社員の賃金は月額18万5,000円で、その地位は本人が希望し、会社が必要と認めたときに、1年ごとに更新されるという期待利益があったにすぎない。これに対し、本件就業規則の変更により、従業員の定年は60歳となり、従業員に60歳までの安定した雇用が確保されるという大きな利益がある。

また、会社は勤務手当制度を設け、新嘱託社員に対し、当初は月1,000円から3万円までの勤務手当、平成17年3月から月5,000円から6万円までの勤務手当を付加して支払っている。勤務手当の金額は一定の幅があるが、会社は、満55歳に到達した当時の地位、その後の人事考査などを総合して、裁量によりその額を決めている。

このように、賃金の面でも、新就業規則は、55歳をもって定年としていた旧就業規則と対比すれば勿論のこと、永年事実上運用されてきた旧嘱託制度の下での55歳から60歳に達するまでの賃金と対比しても多少なりとも従業員に有利な内容となっていることは明らかである。

労働条件を定型的に定めた就業規則は、それが合理的な労働条件を定めているものであるかぎり、経営主体と労働者との間の労働条件は、その就業規則によるという事実たる慣習が成立しているものとして、その法的規範性が認められるに至っているのであり、労働基準法は、このような就業規則の内容を合理的なものとするために必要な監督的規制を講じ（89条、90条、91条、92条、106条1項）ているのである。就業規則が使用者と従業員との間の労働関係を規律する法的規範性を有するための要件としての、合理的な労働条件を定めていることは、単に、法令又は労働協約に反しない（労基法92条1項）というだけではなく、当該使用者と従業員の置かれた具体的な状況の中で、労働契約を規律する雇用関係についての私法秩序に適合している労働条件を定めていることをいうものと解するのが相当である。特に本件就業規則の変更が改正後の高齢者雇用安定法の施行により、60歳を下回って定年を定めることができないものとされたことに対応するためのものであったところ、高年齢者雇用安定法では、定年延長後の雇用条件について、延長前の定年直前の待遇と同一とすることは定められておらず、賃金等の労働条件については、基本的に当事者の自治に委ねる趣旨であったと認められる。一方で就業規則に定められた従前の定年から

> 高年齢者雇用安定法に従って延長された定年までの間の賃金等の労働条件が，具体的状況に照らして極めて苛酷なもので，労働者に同法の定める定年まで勤務する意思を削がせ，現実には多数の者が退職する等高年齢者の雇用の確保と促進という同法の目的に反するものであってはならないことも，前記雇用関係についての私法秩序に含まれるというべきである。

　本件は，55歳から60歳への定年延長と同時に55歳以上からの労働条件を正社員と別立てにした変更の効力が有効とされたケースである。定年延長後の労働条件の変更を不利益変更としなかった意味で，従業員の定年延長後の処遇は定年延長前の処遇と異なるよう設定することを認めたということである。事案としては若干古いが，同様の趣旨は，65歳への定年延長についても当てはまると言えよう。

　高年齢者の処遇変更については，企業全体の人事政策や財務体質を勘案しながら，労使で十分に議論をしつつ進めていくことが大事であることが示されている。

9）　労働契約法20条の適用に関する問題点

　労働契約法20条[13]は，有期契約労働者と無期契約労働者との労働条件の相違が「労働者の業務の内容及び当該業務に伴う責任の程度（以下この条において「職務の内容」という。），当該職務の内容及び配置の変更の範囲その他の事情を考慮して，不合理と認められるものであってはならない。」と規定している。再雇用される高年齢者は概して有期雇用契約者である。そのために「均衡待遇」という見地から，労働契約法20条の適用が問題となるケースが今後増えていくと考えられる。以下のケースは，労働契約法20条について，最高裁判所が初めて判断した判決の１つである。

ケース10

　会社を定年により退職した後に，会社との間で期間の定めのある労働契

約（以下「有期労働契約」という。）を締結して就労している従業員（以下「有期契約労働者」という。）らが，会社と期間の定めのない労働契約を締結している従業員（以下「無期契約労働者」という。）との間に不合理な労働条件の相違が存在すると主張して，

① 主位的に，当該不合理な労働条件の定めは労働契約法20条により無効であり，有期労働契約者らには無期契約労働者に関する就業規則等の規定が適用されることになるとして，会社に対し，当該就業規則等の規定が適用される労働契約上の地位に在ることの確認を求めるとともに，その労働契約に基づき，当該就業規則等の規定により支給されるべき賃金と実際に支給された賃金との差額及びこれに対する各支払期日の翌日以降支払済みまで商事法定利率年6％の割合による遅延損害金の支払を求め，

② 予備的に，会社が上記労働条件の相違を生じるような嘱託社員就業規則を定め，社員らとの間で有期労働契約（嘱託社員労働契約）を締結し，当該就業規則の規定を適用して，本来支払うべき賃金を支払わなかったことは，労働契約法20条に違反するとともに公序良俗に反して違法である

として，会社に対し，民法709条に基づき，その差額に相当する額の損害賠償金およびこれに対する各賃金の支払期日以降の民法所定の年5％の割合による遅延損害金の支払いを求めた。

出典：長澤運輸事件・上告審　最二小判平成30・6・1（労判1179号34頁）をもとに作成

裁判所は事件の概要について以下のように判示した。

事業主は，高年齢者雇用安定法により，60歳を超えた高年齢者の雇用確保措置を義務付けられており，定年退職した高年齢者の継続雇用に伴う賃金コストの無制限な増大を回避する必要があること等を考慮すると，定年退職後の継続雇用における賃金を定年退職時より引き下げること自体が不合理であるとはいえない。また，定年退職後の継続雇用において職務内容やその変更の範囲等が変わらないまま相当程度賃金を引き下げることは広く行われており，有期契約労働者ら嘱託乗務員について正社員との賃金の差額を縮める努力をしたこと等からすれば，会社からの賃金が定年退職前

より2割前後減額されたことをもって直ちに不合理であるとはいえず，嘱託乗務員と正社員との賃金に関する労働条件の相違が労働契約法20条に違反するということはできない。

しかしながら，原審（東京高裁平成28年11月2日判決・事件番号平28（ネ）2993号・労判1144号16頁）の上記判断のうち，精勤手当及び超勤手当（時間外手当）を除く本件各賃金項目に係る労働条件の相違が労働契約法20条に違反しないとした部分は結論において是認することができるが，上記各手当に係る労働条件の相違が同条に違反しないとした部分は是認することができない。

その理由を以下のように挙げている。

(1) 労働契約法20条は，有期労働契約を締結している労働者（以下「有期契約労働者」という。）の労働条件が，期間の定めがあることにより同一の使用者と無期労働契約を締結している労働者（以下「無期契約労働者」という。）の労働条件と相違する場合においては，当該労働条件の相違は，労働者の業務の内容及び当該業務に伴う責任の程度（以下「職務の内容」という。），当該職務の内容及び配置の変更の範囲その他の事情を考慮して，不合理と認められるものであってはならない旨を定めている。同条は，有期契約労働者と無期契約労働者との労働条件に相違があり得ることを前提に，職務の内容，当該職務の内容及び配置の変更の範囲その他の事情（以下「職務の内容等」という。）を考慮して，その相違が不合理と認められるものであってはならないとするものであり，職務の内容等の違いに応じた均衡のとれた処遇を求める規定であると解される（最高裁平成28年（受）第2099号，第2100号，同30年6月1日第二小法廷判決参照）。

(2) 労働契約法20条にいう「期間の定めがあることにより」とは，有期契約労働者と無期契約労働者との労働条件の相違が期間の定めの有無に関連して生じたものであることをいうものと解するのが相当である（前掲最高裁第二小法廷判決参照）。会社の嘱託乗務員と正社員との本件各賃金項目に係る労働条件の相違は，嘱託乗務員の賃金に関する労働条件が，正社員に適用される賃金規定等ではなく，嘱託社員規則に基づく嘱託社員労働契約によって定められることにより生じているものであるから，当該相違は期間の定めの有無に関連して生じたものであるということが

できる。したがって，嘱託乗務員と正社員の本件各賃金項目に係る労働条件は，同条にいう期間の定めがあることにより相違している場合に当たる。
(3)ア　労働契約法20条にいう「不合理と認められるもの」とは，有期契約労働者と無期契約労働者との労働条件の相違が不合理であると評価することができるものであることをいうと解するのが相当である（前掲最高裁第二小法廷判決参照）。
イ　会社における嘱託乗務員及び正社員は，その業務の内容及び当該業務に伴う責任の程度に違いはなく，業務の都合により配置転換等を命じられることがある点でも違いはないから，両者は，職務の内容並びに当該職務の内容及び配置の変更の範囲（以下，併せて「職務内容及び変更範囲」という。）において相違はないということができる。

　しかしながら，労働者の賃金に関する労働条件は，労働者の職務内容及び変更範囲により一義的に定まるものではなく，使用者は，雇用及び人事に関する経営判断の観点から，労働者の職務内容及び変更範囲にとどまらない様々な事情を考慮して，労働者の賃金に関する労働条件を検討するものということができる。また，労働者の賃金に関する労働条件の在り方については，基本的には，団体交渉等による労使自治に委ねられるべき部分が大きいということもできる。そして，労働契約法20条は，有期契約労働者と無期契約労働者との労働条件の相違が不合理と認められるものであるか否かを判断する際に考慮する事情として，「その他の事情」を挙げているところ，その内容を職務内容及び変更範囲に関連する事情に限定すべき理由は見当たらない。

　したがって，有期契約労働者と無期契約労働者との労働条件の相違が不合理と認められるものであるか否かを判断する際に考慮されることとなる事情は，労働者の職務内容及び変更範囲並びにこれらに関連する事情に限定されるものではないというべきである。
ウ　会社における嘱託乗務員は，会社を定年退職した後に，有期労働契約により再雇用された者である。

　定年制は，使用者が，その雇用する労働者の長期雇用や年功的処遇を前提としながら，人事の刷新等により組織運営の適正化を図るとともに，賃金コストを一定限度に抑制するための制度ということができるところ，定年制の下における無期契約労働者の賃金体系は，当該労働者を定年退職するまで長期間雇用することを前提に定められたもの

であることが少なくないと解される。これに対し，使用者が定年退職者を有期労働契約により再雇用する場合，当該者を長期間雇用することは通常予定されていない。また，定年退職後に再雇用される有期契約労働者は，定年退職するまでの間，無期契約労働者として賃金の支給を受けてきた者であり，一定の要件を満たせば老齢厚生年金の支給を受けることも予定されている。そして，このような事情は，定年退職後に再雇用される有期契約労働者の賃金体系の在り方を検討するに当たって，その基礎になるものであるということができる。

　そうすると，有期契約労働者が定年退職後に再雇用された者であることは，当該有期契約労働者と無期契約労働者との労働条件の相違が不合理と認められるものであるか否かの判断において，労働契約法20条にいう「その他の事情」として考慮されることとなる事情に当たると解するのが相当である。

(4)　本件においては，会社における嘱託乗務員と正社員との本件各賃金項目に係る労働条件の相違が問題となるところ，労働者の賃金が複数の賃金項目から構成されている場合，個々の賃金項目に係る賃金は，通常，賃金項目ごとに，その趣旨を異にするものであるということができる。そして，有期契約労働者と無期契約労働者との賃金項目に係る労働条件の相違が不合理と認められるものであるか否かを判断するに当たっては，当該賃金項目の趣旨により，その考慮すべき事情や考慮の仕方も異なり得るというべきである。

　そうすると，有期契約労働者と無期契約労働者との個々の賃金項目に係る労働条件の相違が不合理と認められるものであるか否かを判断するに当たっては，両者の賃金の総額を比較することのみによるのではなく，当該賃金項目の趣旨を個別に考慮すべきものと解するのが相当である。

　なお，ある賃金項目の有無及び内容が，他の賃金項目の有無及び内容を踏まえて決定される場合もあり得るところ，そのような事情も，有期契約労働者と無期契約労働者との個々の賃金項目に係る労働条件の相違が不合理と認められるものであるか否かを判断するに当たり考慮されることになるものと解される。

　上記の考えを踏まえて裁判所は，能率給および職務給，住宅手当および家族手当，役付手当の相違，賞与に関しては，有期契約労働者と無期契約労働者との間の相違については不合理な格差はないと判示した。一方で，精勤手当の有

無，時間外手当（超勤手当）の相違について，不合理な格差があると認めた。精勤手当については，

> 　　会社の嘱託乗務員と正社員との職務の内容が同一である以上，両者の間で，その皆勤を奨励する必要性に相違はない

ことをその理由としている。時間外手当については，

> 　　精勤手当を計算の基礎に含めて計算した時間外手当を支給しないことは，労働契約法20条に違反するものであり，会社がそのような違法な取扱いをしたことについては，過失があったというべきである。

ことをその理由としている。

　本判決は，同日に出された「ハマキョウレックス事件（平成30年6月1日最高裁第二小判決（労判1179号20頁））」と並んで，労働契約法20条についての初めての最高裁判決として注目されている。その要点は，「有期契約労働者と無期契約労働者との労働条件の相違が不合理と認められるものであるか否かを判断する際に考慮される事項は何か」という点である。

　長澤運輸事件判決は，高年齢者の再雇用という面からは，これまでの判決の流れを大きく変えるものではない。均衡処遇を考慮するに当たり，現役の社員と再雇用された高年齢者との間に「著しい格差」が見られないようにすることが重要だということである。問題となった精勤手当は，通常通り出勤していれば，同じ職務に従事しているならば有期契約労働者も無期契約労働者も関係なく支払われるべきであるとされている。超勤手当における不合理性は，超過勤務手当の算定の根拠に精勤手当が含まれることから導き出された議論である。

　「均衡処遇」や「合理性・不合理性の判断」については，「現役」の有期契約労働者と無期契約労働者の間の格差を争った「ハマキョウレックス事件」のほうがより普遍的な問題を含んでいる。しかし高年齢者雇用をテーマとする本論の射程ではないので，この問題に関する議論は別の機会に譲りたい[4]。

5 ｜高年齢者雇用についてのまとめと今後の課題

　ここまで，定年（通常は60歳）を超えた労働者の再雇用をめぐる課題について，いくつかの角度から考察を行ってきた。ここでこれまでのまとめを踏まえて，法的な観点からの高年齢者雇用の留意点について述べることとする。

1） 高年齢者雇用に対する企業側の裁量権

　高年齢者雇用確保措置の対象者は，希望者全員としなければならない。ただし，健康上の問題がある従業員，勤務態度・勤務成績が著しく悪い従業員，退職事由に該当するような行為等を行った従業員に対しては，継続雇用をしないことができる。

　高年齢者をいかなる条件で再雇用するかについては，企業側の幅広い裁量が認められている。**ケース１，ケース２**に見られるように，定年に達した後の従業員の賃金が定年前に比べて一定程度下がることは容認されており，そこに不合理な格差が必然的に生み出されるという解釈を裁判所はしていない。

　一方で法律は，企業側の裁量権に一定の歯止めをかけている。「高年齢者雇用安定法Q&A」は「適切でないと考えられる例」として，以下のものを挙げている。

- 「会社が必要と認めた者に限る」（基準がないことと等しく，これのみでは本改正の趣旨に反するおそれがある）
- 「上司の推薦のある者に限る」（基準がないことと等しく，これのみでは本改正の趣旨に反するおそれがある）
- 「男性（女性）に限る」（男女差別に該当）
- 「組合活動に従事していない者」（不当労働行為に相当）
　（「高年齢者雇用安定法Q&A」A４-１より抜粋）

　さらにA４-１は続けて，継続雇用制度の対象となる高年齢者に係る基準については，

① 意欲・能力等をできる限り具体的に測るものであること（具体性）
　　② 必要とされる能力等が客観的に示されており，該当可能性を予見できるものであること（客観性）

に留意して策定されることが望ましいとしている。

　一方で，「客観性・具体性」に基づく基準を設定した以上，使用者の裁量権はその基準に制限される。企業側が当該高年齢者をふさわしくない人材であったと考えたとしても，基準に適合しているのであれば，再雇用をしなければならない。そのことは，**ケース3**が示すとおりである。

2）　継続雇用時にいかなる仕事を付与するか

　企業が再雇用後に従業員にいかなる仕事を付与するかも重要な課題である。この際に企業側に制約がかかる場合があることを示したのが**ケース4**である。**ケース4**では，入社以来事務職に就いていた従業員が再雇用時にパートタイムの労務職の仕事に就くよう指示されたことに対する妥当性が問われ，会社側の対応が不法行為であるとされた。会社に対しては，再雇用者の職歴を十分に勘案したうえで，いかなる仕事に従事させるかを判断することが求められている。もし再雇用前の仕事に再雇用後も従事させることが不適切であるならば，そのことを示す証拠を従前から収集し，対外的に説明できるような体制をつくっておくことが肝要である。

3）　企業グループ内の継続雇用

　再雇用を実施する場合には，自社に止まらず，グループ企業全体で雇用維持を行うことも許容されている。そのことは**ケース5**で示されている。

　高年齢者雇用安定法の趣旨は65歳までの雇用維持である。同法第9条はそのための基本的な考え方として，定年延長，継続雇用，定年廃止を記しているが，具体的な手段に関しては，個別企業の裁量に委ねられている。

　継続雇用制度は事業主に一定の負担を強いるものであることから，高年齢者雇用安定法は継続雇用制度について事業主の実情等を踏まえた多様な雇用形態を許容している。同法9条2号が継続雇用制度によって確保されるべき労働条

件まで規定していないことからすると，同法は労働条件について労働者の希望に合致したものであることまでを要求するものではないと解される。したがって，労働環境の変化をもって直ちに継続雇用制度に該当しないとはいえない。つまりグループ会社で再雇用されたことにより，賃金等の労働条件が従来所属していた企業の労働条件に比べて低下したとしても，再雇用前と再雇用後の格差が不合理とみなされる範囲を超えていない限りにおいては許容されるものである。

4） 企業再編時における継続雇用

吸収合併された企業において再雇用契約を締結した従業員に対して，吸収合併した企業の再雇用規定が適用されるかが問われたのが**ケース6**である。**ケース6**では，一度締結した再雇用契約が，合併先の企業に合わせて当然に変更されることはないとの判断がなされている。

しかし，吸収合併する側とされる側の労働条件を決定するのは，最終的には企業の判断である。合併後の社内融和，健全な労使関係の構築を目指すのであれば，時間をかけてでも再雇用に関する労働条件を一致させることも検討するのがよいと考えられる。

5） 訴訟を起こしたことが再雇用に与える影響

企業に対して訴訟を起こしたことが再雇用に与えた影響について問われたのが**ケース7**である。従業員は再雇用後の労働条件を不服として企業に対して訴訟を起こした。一方で，企業側は訴訟を起こしたことを理由として再雇用を拒否した。そのことは，訴訟を取り下げた従業員が再雇用されたという状況証拠から明らかである。訴訟が起こらないに越したことはないが，訴訟を起こしたことを理由に従業員の再雇用を拒否することは，明らかに法律違反であると判断されている。

同様のことは，労働委員会への申立についても言えるだろう。従業員が再雇用後の待遇を「不利益変更」と捉えて労働委員会に訴えたことをもって再雇用の許諾を判断することは，従業員の権利を侵害する行為であり，認められない。

大事なことは，問題は企業外で問題になる前に企業内で解決することである。そのためには，再雇用のための基準，再雇用後の職種・待遇・労働条件等について，企業が従業員に対して積極的に開示しておくことが必要である。また，再雇用に関連して労働組合もしくは従業員代表が何らかの形で関与することも一案である。そのためには，日頃から企業内で健全な労使関係を築いておくことが求められよう。

6) 従業員が高齢であるという理由で賃金を引き下げたことの問題点

年功賃金の下では，従業員の賃金は加齢とともに上昇していく。企業としては，高齢従業員の増加による賃金負担の増大は頭の痛い問題である。しかし，年功賃金を安易に変更することは，リスクが伴うことを留意しなければならない。

ケース8では，60歳定年の企業（銀行）において，55歳以上の高年齢者であるというだけの理由で賃金を引き下げることは不利益変更であるとして認められないとしている。不利益変更が認められないとする理由として，就業規則の変更による不利益変更に合理的な理由が見いだせないこと，中堅層の賃金が引き上げられている一方で，原告の高齢の行員に対して代替措置が取られていない（もしくは代替措置の対象外である）という理由づけがされている。いかに企業側の裁量権が認められているとはいっても，処遇の変更の手順・方法を間違えると，問題がこじれる可能性があることに留意すべきである。

一方で，**ケース9**は，55歳から60歳への定年延長と同時に55歳以上からの労働条件を正社員と別立てにした変更の効力が有効とされた事案である。定年延長後の労働条件の引き下げを不利益変更としなかったということは，以前の定年年齢（55歳）を過ぎた後の従業員の処遇は，延長された定年（60歳）までの間とは異なるよう設定することを認めたということである。高年齢者の処遇変更については，企業全体の人事政策や財務体質を勘案しながら進めていくことが大事であることを示している。

そして**ケース10**では，再雇用労働者の処遇について，労働契約法20条の適用が論じられた。本ケースに対する最高裁の判示は，従来の判例の流れから外

れるものではないが，高年齢者を再雇用する場合，有期契約労働者と無期契約労働者の間で問われる「均衡待遇」の考え方を今後はより強く意識し，「不合理な格差」とは何かについて深く考えていくことが企業に求められることを改めて示した。

6 ｜ 今後の課題

　ここまで，高年齢者雇用に関する法律を踏まえたうえで留意すべき点を，判例をもとに解説してきた。

　一方で高年齢者雇用に関しては，今後新たに顕在化してくるであろう問題も指摘できる。

　厚生労働省が2015年に公表した「今後の高年齢者雇用対策について」は，高年齢者雇用について，さらなる問題を提起している。ここではその中でも，本章では取り上げなかったが，今後論点になりうるものについて取り上げる。

1） 65歳を超えた高年齢者の雇用の確保

　2015年12月18日に公表された「今後の高年齢者雇用対策について」は，「法的な義務を超えた65歳を超える高年齢者の雇用の確保については，企業の自主的な取り組みを支援していくことが適当であり，高年齢者を多数雇用する事業主や高年齢者向けに健康管理制度等を導入した事業主等高年齢者の雇用に積極的に取り組む企業に対する支援が必要である」と記している。

　厚生労働省が2017年10月に公表した「平成29年『高年齢者の雇用状況』」によれば，調査対象企業の中で「65歳定年」を設けている企業の割合は15.3％，「66歳以上定年」の企業の割合は1.8％，「定年制を廃止している」企業の割合は2.6％となっている。また，「66歳以上希望者全員の継続雇用制度」を導入している企業の割合は5.7％，「70歳以上まで働ける」企業の割合は22.6％となっている。

65歳を超えた高年齢者への対応は，65歳への対応を始めたばかりの多くの企業にとっては，はるか先の課題のように映る。また，そのような長期にわたる雇用義務を，個別企業の自主的な努力に委ねることについては，異論もあると思われる。その解決策として考えられるのが，同じく「今後の高年齢者雇用対策について」が打ち出している下記の対応であろう。

2） 今後の高年齢者雇用対策

　厚生労働省の「今後の高年齢者雇用対策について」は，今後の中高年齢者雇用は，「グループ企業のみならず，他企業や人手不足に悩む地域の中小企業やNPOなどへの就職あっせんも考慮すべきである。特に65歳を超えた高年齢者に対して様々な雇用の機会を提供することは，社会の活性化という観点からも重要な課題である」と述べている。65歳を超えた労働者については，これまで勤めてきた企業にこだわらず，より幅広く就労の場を求めていくということも，今後は考慮していくべきであろう。

　一方で，65歳を超えた雇用を含めた「生涯にわたる就業生活」を目指すのであれば，企業で現役として在籍し活動している間に，さまざまな就労のための機会を意識しておくことが，今後は検討されるべきであろう。特に労働者に対して，そのような「自覚」が求められる。一方で，そのような労働者の自覚を促すための「社会的インフラ」の整備も急務である。

■注
1） 高年齢者雇用安定法第3条
　高年齢者等は，その職業生活の全期間を通じて，その意欲及び能力に応じ，雇用の機会その他の多様な就業の機会が確保され，職業生活の充実が図られるように配慮されるものとする。
　2　労働者は，高齢期における職業生活の充実のため，自ら進んで，高齢期における職業生活の設計を行い，その設計に基づき，その能力の開発及び向上並びにその健康の保持及び増進に努めるものとする。
2） 高年齢者雇用安定法第8条
　事業主がその雇用する労働者の定年（以下単に「定年」という。）の定めをする場合には，当該定年は，60歳を下回ることができない。ただし，当該事業主が雇用する労働者のうち，高年齢者が従事することが困難であると認められる業務として厚生労働省令で定める業務に従事している労働者については，この限りでない。

3）高年齢者雇用安定法第9条
　定年（65歳未満のものに限る。以下この条において同じ。）の定めをしている事業主は，その雇用する高年齢者の65歳までの安定した雇用を確保するため，次の各号に掲げる措置（以下「高年齢者雇用確保措置」という。）のいずれかを講じなければならない。
　　1　当該定年の引上げ
　　2　継続雇用制度（現に雇用している高年齢者が希望するときは，当該高年齢者をその定年後も引き続いて雇用する制度をいう。以下同じ。）の導入
　　3　当該定年の定めの廃止
4）厚生労働省「平成29年『高年齢者の雇用状況』」（2017年10月）によれば，調査対象企業における3つの雇用確保措置の導入状況は，「継続雇用制度の導入」が80.3％，「定年の引上げ」が17.1％，「定年制の廃止」が2.6％となっている。
5）「今後の高年齢者雇用対策について」に(1)　企業における高年齢者雇用については，平成24年の高年齢者雇用安定法の改正により，希望者全員の65歳までの雇用確保措置を講じることが企業の義務とされたところであり，未実施企業に対する指導の徹底等により，これが確実に実施されるようにしていくとともに，改正法施行における高年齢者の雇用動向等を把握することが必要である。」との記述がある。
6）「高年齢者雇用安定法Q&A」のA1-1に，以下の記載がある。
　　A1-1：事業主が高年齢者雇用確保措置として継続雇用制度を導入する場合には，希望者全員を対象とするものにしなければなりませんので，事業主が制度を運用する上で，労働者の意思が確認されることになると考えられます。ただし，改正高年齢者雇用安定法が施行されるまで（平成25年3月31日）に労使協定により継続雇用制度の対象者を限定する基準を定めていた事業主については，経過措置として，老齢厚生年金の報酬比例部分の支給開始年齢以上の年齢の者について継続雇用制度の対象者を限定する基準を定めることが認められています。なお，心身の故障のため業務に堪えられないと認められること，勤務状況が著しく不良で引き続き従業員としての職責を果たし得ないこと等就業規則に定める解雇事由又は退職事由（年齢に係るものを除く。）に該当する場合には，継続雇用しないことができます。ただし，継続雇用しないことについては，客観的に合理的な理由があり，社会通念上相当であることが求められると考えられることに留意が必要です。
7）高年齢者雇用安定法Q&A」のA3-1に，以下の記載がある。
　　A3-1：高年齢者雇用安定法は，事業主に定年の引上げ，継続雇用制度の導入等の高年齢者雇用確保措置を講じることを義務付けているものであり，個別の労働者の65歳までの雇用義務を課すものではありません。したがって，継続雇用制度を導入していない60歳定年の企業において，定年を理由として60歳で退職させたとしても，それが直ちに無効となるものではないと考えられますが，適切な継続雇用制度の導入等がなされていない事実を把握した場合には，高年齢者雇用安定法違反となりますので，公共職業安定所を通じて実態を調査し，必要に応じて，助言，指導，勧告，企業名の公表を行うこととなります。
8）最高裁昭和45年（オ）第1175号同49年7月22日第一小法廷判決・民集28巻5号927頁，最高裁昭和56年（オ）第225号同61年12月4日第一小法廷判決・裁判集民事149号209頁を参照。
9）「高年齢者雇用安定法Q&A」のA5-6は以下のように回答している。
　　A5-6：継続雇用先の範囲を拡大する特例を利用する場合に，継続雇用制度の対象者を自社で雇用するか他社で雇用するかについては，継続雇用制度を運用する中で事業主が判断することができます。このとき，継続雇用制度の対象者を自社で雇用するか他社で雇用させるかを判断するための基準を事業主は就業規則や労使協定等で設けることもできます。今回の高年齢者雇用安定法の改正で継続雇用制度の対象者を限定できる仕組みが廃止されたことに伴い，継続雇用制度は希望者全員を対象とするものとしなければなりません

が，継続雇用制度の対象者を自社で雇用するか他社で雇用させるかを判断するための基準を設けた場合でも，こうした基準は，継続雇用制度の対象者を限定する基準ではなく，継続雇用制度の対象者がどこに雇用されるかを決めるグループ内の人員配置基準であるので，高年齢者雇用確保措置の義務違反とはなりません。
10) ちなみに現在では，65歳までの再雇用を希望した従業員に対しては，企業は再雇用の機会を提供しなければならない。本ケースは法改正以前の事案である。
11) 高年齢者雇用安定法第10条
　　第10条　厚生労働大臣は，前条第一項の規定に違反している事業主に対し，必要な指導及び助言をすることができる。
　　2　厚生労働大臣は，前項の規定による指導又は助言をした場合において，その事業主がなお前条第一項の規定に違反していると認めるときは，当該事業主に対し，高年齢者雇用確保措置を講ずべきことを勧告することができる。
　　3　厚生労働大臣は，前項の規定による勧告をした場合において，その勧告を受けた者がこれに従わなかつたときは，その旨を公表することができる。
12) 最高裁昭和40年（オ）第145号同昭和43年12月25日大法廷判決・民集22巻13号3459頁，最高裁昭和60年（オ）第104号同63年2月16日第三小法廷判決・民集42巻2号60頁，最高裁平成5年（オ）第650号同8年3月26日第三小法廷判決・民集50巻4号1008頁，最高裁平成4年（オ）第2122号同9年2月28日第二小法廷判決・民集51巻2号705頁を参照。
13) 労働契約法第20条
　　有期労働契約を締結している労働者の労働契約の内容である労働条件が，期間の定めがあることにより同一の使用者と期間の定めのない労働契約を締結している労働者の労働契約の内容である労働条件と相違する場合においては，当該労働条件の相違は，労働者の業務の内容及び当該業務に伴う責任の程度（以下この条において「職務の内容」という。），当該職務の内容及び配置の変更の範囲その他の事情を考慮して，不合理と認められるものであってはならない。
14) なお，労働契約法第20条は，2018年6月の「働き方改革関連法案」の成立に伴い，2020年4月1日より「短時間労働者及び有期雇用労働者の雇用管理の改善等に関する法律」の第8条（不合理な待遇の禁止）へと移行することになっている（中小企業への適用は2021年4月1日より）。

■ 著者略歴

齋藤清一（さいとう　せいいち）　　　　　　　　　　　　第1章～第4章

最終学歴：埼玉大学大学院，経済科学研究科，経済科学，博士後期過程終了。博士（経済学）
主な略歴：民間製薬会社に入社，人事課長歴任，日本賃金研究センター主任アドバイザー，敬愛大学経済学部講師，東京医科歯科大学大学院非常勤講師，立命館大学客員教授，同大学医療経営研究センター副センター長を歴任。
現在，人事賃金管理センター代表取締役，日本病院人事開発研究所代表幹事，立命館大学上席研究員，滋慶医療科学大学院大学客員教授，平安女学院大学，おもてなし学会理事，名南経営コンサルテイング特別顧問，ほか。
所属学会：日本経営倫理学会，日本労務学会，日本おもてなし学会理事ほか。

【主な著書】
『職能給の再構築と日本型成果主義賃金の実践テキスト』（中央経済社），『加点主義人事制度の設計と運用』（同友館），『職能給の決め方がわかる本』『人事課実践テキスト』『職務調査の進め方・活用の仕方』『人事・労務相談100問100答　第2章（賃金管理の実務知識）』『成果主義人事・賃金Q&A（業績考課に関するQ&A）』『病院人材育成のための人事考課・面接訓練ケース100問100答』『病院職種別等級別職能要件書マニュアル全集』『病院人材育成とコンピテンシー活用の仕方』『病院人事・賃金制度策定事例集』『病院人事賃金の革新』『医師の賃金はこう決める』（以上，経営書院），『あなたの部下になりたい』（税務経理協会），『甦る病院経営　人事賃金制度改革のすすめ方』（医療タイムス），『病院・施設の人事賃金制度の作り方』（日本能率協会マネジメントセンター），他多数。

【主なDVD】
『加点主義目標面接（CBO）とは　2～3巻』『病院における人事考課　理論編・実務編』（以上，日本生産性本部），『賃金シリーズ「これからの賃金体系のあり方」「新しい賞与制度の設計と運用」「賃金と切り離したポイント制退職金の設計と運用」』『甦る病院経営　人事賃金改革の進め方』『加点主義人事考課制度進め方』『人事考課ケーススタディー』（以上，ALCS総合事務所），他多数。

http://www.jinjitinginkanri.sakura.ne.jp/

田中恒行（たなか　つねゆき）　　　　　　　　　　　　　第5章

最終学歴：埼玉大学大学院，経済科学研究科，経済科学，博士後期過程終了。博士（経済学）。法学修士（筑波大学）。
主な略歴：1993年から2007年まで，日経連及び日本経済団体連合会にて，賃金政策に携わる。社会保険労務士（東京都千代田統括支部千代田支部所属）。

シニア社員の活かし方・処遇の仕方
■高年齢者雇用の企業対策とその留意点

2019年2月1日　第1版第1刷発行

著者　齋　藤　清　一
　　　田　中　恒　行
発行者　山　本　　　継
発行所　㈱中央経済社
発売元　㈱中央経済グループ
　　　　パブリッシング

〒101-0051　東京都千代田区神田神保町1-31-2
電話　03 (3293) 3371 (編集代表)
　　　03 (3293) 3381 (営業代表)
http://www.chuokeizai.co.jp/
印刷／㈱堀内印刷所
製本／㈲井上製本所

© 2019
Printed in Japan

＊頁の「欠落」や「順序違い」などがありましたらお取り替えいたしますので発売元までご送付ください。（送料小社負担）
ISBN978-4-502-28641-4　C3034

JCOPY〈出版者著作権管理機構委託出版物〉本書を無断で複写複製（コピー）することは，著作権法上の例外を除き，禁じられています。本書をコピーされる場合は事前に出版者著作権管理機構（JCOPY）の許諾を受けてください。
JCOPY〈http://www.jcopy.or.jp　eメール：info@jcopy.or.jp　電話：03-3513-6969〉